忠诚

ZHONG CHENG

主　编◎辛　鸣
副主编◎李少军

中共中央党校出版社

图书在版编目（CIP）数据

忠诚/辛鸣主编．--北京：中共中央党校出版社，2019.4

ISBN 978-7-5035-6210-5

Ⅰ.①忠… Ⅱ.①辛… Ⅲ.①中国共产党-干部-道德修养-学习参考资料 Ⅳ.①D262.3

中国版本图书馆 CIP 数据核字（2018）第 269846 号

忠　诚

策划统筹 井　琪
责任编辑 李　云　王玉兰
版式设计 苏彩红
责任印制 陈梦楠
责任校对 马　晶
出版发行 中共中央党校出版社
地　　址 北京市海淀区长春桥路 6 号
电　　话 （010）68929580（办公室）　（010）68929899（发行部）
（010）68922815（总编室）　（010）68929342（网络销售）
传　　真 （010）68922814
经　　销 全国新华书店
印　　刷 三河市金轩印务有限公司
开　　本 700 毫米×1000 毫米　1/16
字　　数 220 千字
印　　张 14.75
版　　次 2019 年 4 月第 1 版　2019 年 4 月第 1 次印刷
定　　价 48.00 元

网　　址：www.dxcbs.net　**邮　　箱**：zydxcbs2018@163.com
微 信 ID：中共中央党校出版社　**新浪微博**：@党校出版社

目　录 Contents

导 语

领导干部要讲忠诚

——新时代 新使命 新要求

本章提要

忠诚是中国共产党人的政治品质、政治要求和政治试金石。忠于信仰、忠于国家、忠于人民、忠于组织等方面既各有侧重，又高度统一，是一个有机整体。新时代，广大党员干部要把对组织、对人民的感恩之情，转化为奉献社会、服务群众的实际行动，转化为勇创佳绩、拼搏进取的工作劲头，在奉献中生动地体现共产党人的忠诚精神。

习近平总书记指出，“我们共产党人，忠于党、忠于人民、忠于马克思主义信仰，是最基本的党性要求”。深刻认识忠诚的政治意蕴，科学把握忠诚的丰富内涵，切实做到忠诚的知行合一，是新时代中国共产党人党性的充分体现，是不忘初心、牢记使命的核心要求，也是攻坚克难、永远奋斗的强大精神动力。

第一节　忠诚的政治意蕴

“党内所有的政治问题，归根到底就是对党是否忠诚。”习近平总书记的这一重要论断深刻阐述了中国共产党人忠诚的政治属性与政治意义。没有了对党忠诚，坚持党的政治领导、夯实政治根基、涵养政治生态、防范政治风险、永葆政治本色、提高政治能力等，都会成为一句空话。忠诚是中国共产党人的政治品质、政治要求、政治试金石。

（一）忠诚是政治品质

马克思主义政党具有崇高政治理想、高尚政治追求、纯洁政治品质、严明政治纪律。如果马克思主义政党政治上的先进性丧失了，党的先进性和纯洁性就无从谈起。这就是我们把党的政治建设作为党的根本性建设的道理所在。党的十八大以来，我们坚持从政治上观察问题，从政治上思考问题，从政治上解决问题，按照习近平总书记的要求，“不忘初心，继续前进”。强调永远不丢信仰，“咬定青山不放松”；高扬革命理想高于天，“千磨万击还坚劲”；坚定道路自信、理论自信、制度自信、文化自信，“任尔东南西北风”。信仰主义旗帜鲜明，宗旨立场坚定不移，道路目标一以贯之，向全党、全社会甚至全世界发出了极为明确的信号。

加强党的政治建设，讲忠诚是第一位的。没有忠诚就没有中国共产党的先进性，就不可能保持中国共产党的纯洁性，也就不可能做到优秀。列宁说："徒有虚名的党员，就是白给，我们也不要。"讲的就是共产党员必须真正地、表里如一地忠诚于党的政治信仰、政治立场、政治理想。

2015 年 7 月 1 日，习近平总书记在给国家测绘地理信息局第一大地测量队 6 位老队员、老党员回信中强调，忠于党、忠于人民、无私奉献，是共产党人的优秀品质。党的事业，人民的事业，是靠千千万万党员的忠诚奉献而不断铸就的。不忘初心，方得始终。全国广大共产党员要始终在党爱党、在党为党，心系人民、情系人民，忠诚一辈子，奉献一辈子，以自己的实际行动，团结带领亿万人民为实现"两个一百年"奋斗目标、实现中华民族伟大复兴的中国梦而共同奋斗。

有了这样的政治品质，就能做政治上的明白人，不断增强"四个意识"。新时代党员干部要做到政治上清醒，最重要的就是要牢固树立政治意识、大局意识、核心意识、看齐意识，真正做到对党忠诚、襟怀坦白，自觉在思想上政治上行动上同以习近平同志为核心的党中央保持高度一致，坚决维护习近平总书记党中央的核心、全党的核心地位，维护党中央权威和集中统一领导。"四个意识"是意蕴深刻相互联系的有机统一体，集中体现了我们党在新时代根本的政治立场、政治原则、政治方向。强化"四个意识"，要坚决反对与党中央唱对台戏、阳奉阴违的人，反对那些对党中央大政方针态度暧昧甚至心怀不满的人，反对那些心术不正甚至有政治野心的人，反对那些与党离心离德、"身在曹营心在汉"的人。

有了这样的政治品质，就能做到政治上的明白人，真正做到"两个维护"。对于中国这么一个近 14 亿人的大国、对于中国共产党这么一个近 9000 万党员的大党，如何凝聚起来形成共识，如何团结起来形成战斗力，殊为不易但势在必行。特别是在我们开创伟大事业、推进伟大工程、进行伟大斗争的新的历史时期，更需要全党全国全社会心往一处想、劲往一处用，同心同德、革故鼎新、攻坚克难。靠什么？毫无疑问要靠核心。邓小平讲，"任何领导集体都要有一个核心，没有核心的领导是靠不住的"。

党的组织领导当然体现为党的组织体系、党的制度法规体系卓有成效的领导，但更离不开凝聚这一体系的领导核心。有了核心，组织就有了“主心骨”；有了核心，制度就有了“定盘星”。党的十八大以来，我们全面从严治党，把制度规矩挺在前面，使之发挥了极为重要的作用，但力量的源泉是组织、制度背后坐镇“中军帐”的是领导核心。我们要用忠诚坚决维护习近平总书记党中央的核心、全党的核心地位，维护党中央权威和集中统一领导。

（二）忠诚是政治要求

实现中华民族伟大复兴中国梦的历史使命对中国共产党人的忠诚提出新要求。

实现中华民族伟大复兴是近代以来最伟大的梦想，是当代中国凝心聚力、催人奋进的时代最强音，是当今世界威武雄壮、蔚为壮观的发展交响乐，是人类历史上惊天动地、罕有其匹的文明进行曲。经过鸦片战争以来170多年的持续奋斗，经过一代又一代中国共产党人的不懈努力，中华民族伟大复兴展现出光明的前景。现在无论综合实力、核心竞争力，还是国际地位、国际影响力，都比历史上任何时期更接近中华民族伟大复兴的目标。深藏于中国人民心中的民族复兴梦想，就要梦想成真。正如习近平总书记指出的：“现在，我们比历史上任何时期都更接近中华民族伟大复兴的目标，比历史上任何时期都更有信心、有能力实现这个目标。”习近平总书记曾经引用“雄关漫道真如铁”“人间正道是沧桑”“长风破浪会有时”三句诗叙说中华民族的昨天、今天、明天，熔铸百余年中国波澜壮阔、沧桑巨变的历史图景，生动诠释近代以来中国人民寻梦、追梦、圆梦的艰辛历程。试问一问，世界上有哪一个民族“追梦”历程如此不屈不挠？有哪一个政党“圆梦”决心如此矢志不渝？新时代中国共产党人要用自己的忠诚书写伟大复兴的宏伟篇章。

新时代党的建设对中国共产党人的忠诚提出了新要求。

党的十九大提出了新时代党的建设总要求。学习领会这一总要求，概括起来其实就是建设“两个大”：建设世界上最伟大的政党，建设世界上最强大的政党。没有中国共产党人的忠诚，这“两个大”是不可能实现的。我们要以高度的忠诚，不断加强党的先进性和纯洁性建设，不忘初心，牢记使命，把中国共产党建设成为世界上最伟大的政党。伟大的政党最根本的是主义信仰宗旨的伟大，是理想信念的伟大，这就要把党的政治建设摆在首位，以政治建设统领其他几大建设，在自我革命中彰显伟大、实践伟大。我们要以高度的忠诚，不断增强党的政治领导力、思想引领力、群众组织力、社会号召力，提高党把方向、谋大局、定政策、促改革的能力和定力，增强党自我净化、自我完善、自我革新、自我提高的能力，把中国共产党建设成为世界上最强大的政党。强大的政党要有创造力、战斗力、凝聚力，这来自纪律、来自制度、来自规矩，我们要严明纪律、遵守规矩，让制度贯穿党的建设全过程。同时还要加强学习，提高本领，不断提高学习本领、政治领导本领、改革创新本领、科学发展本领、依法执政本领、群众工作本领、狠抓落实本领、驾驭风险本领，让政治觉悟与工作本领相得益彰，切实提高党长期执政的能力。

全面贯彻新时代党的组织路线对中国共产党人的忠诚提出了新要求。

在2018年全国组织工作会议上，习近平总书记明确提出了新时代党的组织路线：全面贯彻新时代中国特色社会主义思想，以组织体系建设为重点，着力培养忠诚干净担当的高素质干部，着力集聚爱国奉献的各方面优秀人才，坚持德才兼备、以德为先、任人唯贤，为坚持和加强党的全面领导、坚持和发展中国特色社会主义提供坚强组织保证。忠诚干净担当是新时代领导干部必须具备的政治品格，要融入党性修养全过程，贯穿学习工作生活各方面。对党绝对忠诚就体现在坚守理想信念，践行党的宗旨，增强“四个意识”，坚定“四个自信”，不折不扣贯彻落实党中央决策部署。我们要立公心、去私心，慎用权、防特权，重大节、守小节，严律己、常责己，保持清正廉洁的政治本色。要勇于负责担当，保持革命精神，与时俱进提高本领，在统筹推进“五位一体”总体布局、协调推进“四个全面”战略布局、贯彻落实新发展理念、推动经济高质量发展、打赢“三大攻坚战”等工作中攻坚克难、奋发有为。中国特色社会主义进入新时代，战胜前进道路上的风险挑战、困难阻碍，最需要、最关键的是党员干部始终保持绝对政治忠诚、坚守清廉政治本色、展现应有政治担当。唯有如此，才能赓续红色基因、不断砥砺前行，谱写好中国特色社会主义事业发展新篇章。

（三）忠诚是政治“试金石”

习近平总书记在党的十九届中央纪委二次全会上发表重要讲话强调，任何时候任何情况下，党的领导干部在政治上都要站得稳、靠得住，对党忠诚老实、与党中央同心同德，听党指挥、为党尽责。在党的十九大报告中，他要求全党同志特别是党的高级干部要加强党性锻炼，不断提高政治觉悟和政治能力，把对党忠诚、为党分忧、为党尽职、为民造福作为根本政治担当，坚决反对搞两面派、做两面人，永葆共产党人政治本色。

做到忠诚是不容易的。一些党员干部虽然组织上入了党，但思想上并没有入党，与党不同心，尤其是在大是大非面前，在个人利益和诉求得不到满足的时候，就会搞“口头忠诚”“伪忠诚”。比如，口头信仰马克思主义，其实真正信的是风水师，心里装的只有个人的升官发财梦。就像毛泽东警示过的那种“到执政党里来为个人捞好处”的人一样，只是把入党当作跳板和捷径，谋求个人私利。又比如，一些党员干部表面勤勤恳恳，背后吃喝享乐；表面谋划发展，背后以权谋私；表面一心为公，背后官商不分；表面是党员领导干部，背后脚踏两条船，把国（境）外当后路，随时准备“跳船”；表面老老实实，背后肆意妄为，什么挑战底线的事情都敢干；表面任人唯贤，背后任人唯亲、任人唯钱；表面五湖四海，背后拉帮结派，把正常的同事关系演变成江湖兄弟关系，把上下级关系搞成“老板”与“马仔”的人身依附关系。

这些投机分子过着“双面人生”，说一套做一套，台上一套台下一套，人前一套背后一套，批评别人是一套、面对自己又是一套，把忠诚老实当作面具，以掩盖信仰上的荒芜、对钱权的贪念。这种貌似忠诚、实则不忠的现象，很具迷惑性，很难被甄别，对党和人民的事业危害极大。

检验忠诚就是既要看一个人口号喊了什么，更要看他具体做了什么；既要看一个人表面上信仰什么，更要看他骨子里相信什么；既要看一个人在工作中的履历怎么样，更要看他在老百姓心目中的形象怎么样；既要看一个人对领导干部怎么做，更要看他对同事下属什么样；既要看一个人面对小事琐事怎么做，更要看他面对大是大非怎么办；既要看他在顺境、得意时怎么表现，更要看他在低谷、逆境中是否坚守；既要看他面对别人犯错时怎么表态，更要看他自己出问题时如何对待。

判断一个人是不是真正的共产党人，不能只看是不是有共产党员这个政治身份，而要看他的所言所行、所作所为、所好所恶是不是真正表里如一，是不是真正忠于信仰、忠于国家、忠于人民、忠于组织。这才是党员干部的政治“试金石”。

第二节　忠诚的丰富内涵

新时代中国共产党人的忠诚内涵是十分丰富的。忠于信仰、忠于国家、忠于人民、忠于组织等方面既各有侧重，又高度统一，是一个有机整体，共同体现为忠诚于党。中国共产党人对党忠诚，必然是忠于信仰、忠于国家、忠于人民、忠于组织的；中国共产党人做到了忠于信仰、忠于国家、忠于人民、忠于组织，对党忠诚自然就在其中了。

（一）忠于信仰

中国共产党是一个有信仰的政党，中国共产党人要忠于自己的信仰。

就政党的本质来说，信仰是一个政党区别于其他政党的根本。为什么政党是这个样子，而不是别的什么样子，源于它的信仰。信仰来不得半点含糊，也来不得一丝虚伪。不丢信仰之名却放弃信仰之实，可能会有暂时的蝇头小利，却终会导致政党大厦的坍塌。这在世界其他一些政党的实践中是有血的教训的。

现代西方政党是在资本主义社会的大环境中产生和发展的，不论哪一个政党对资本主义社会都是认可的。政党与政党之间的差别只是在如何更好地保持资本主义社会发展的具体方法步骤上有细微差异罢了。而且由于现代资本主义社会、特别是一些发达国家的阶级结构相对统一，中间阶层选票相对集中，使得无论是两党制还是多党制，所有政党的政策都向“中间化”靠拢。

这些政党的信仰就是对资本主义的信仰，他们的信仰不仅“坚定不移”，而且还不容置疑；不仅自己相信，还要求别人也相信。现在一些西方国家把其价值观包装成“普世价值”，何尝不是一种希望传播自己信仰的冲动。

中国共产党作为工人阶级的先锋队、中国人民和中华民族的先锋队，是以消灭剥削的旧社会，建设社会主义社会，实现共产主义社会为其奋斗目标，当然要确立起在马克思主义指导下的共产主义信仰。这一信仰不能绝对地说与资本主义社会的信仰水火不容（因为社会主义社会和共产主义社会是在扬弃资本主义社会基础上发展起来的，从不回避对资本主义社会有益成分的汲取），但也一定要有自己根本性的新规定、新要求、新内容，一定要明确与资本主义信仰截然不同的新信仰。

信仰是旗帜鲜明的，信仰无须遮遮掩掩。信仰靠真诚而赢得尊重，靠坚定而得以实现。顾忌他人对自己信仰的不认同，试图靠“乡愿”去左右讨好，只能适得其反，为对手所瞧不起。中国共产党之所以是中国共产党，就源于它对共产主义的信仰与对共产主义的不懈追求。没有了共产主义信仰的共产党还能是共产党吗？不追求共产主义的共产党还有必要存在下去吗？这些提问听起来好像有些惊世骇俗，其实就是大白话、大实话。

正因为信仰对于政党的根本性意义，中国共产党对于信仰给予了高度的重视。毛泽东“主义譬如一面旗帜”就是讲信仰的。只有旗帜竖了起来，才会应者云集，知道向哪里去靠拢。邓小平特别强调，为什么我们过去能在非常困难的情况下奋斗出来，战胜千难万险使革命胜利呢？就是因为我们有理想，有马克思主义信念，有共产主义信念。所以，“对马克思主义的信仰，是中国革命胜利的一种精神动力”。在随时准备进行许多具有新的历史特点的伟大斗争的新时代，习近平总书记更是明确指出：“要永远不丢信仰”，“对马克思主义的信仰，对社会主义和共产主义的信念，是共产党人的政治灵魂，是共产党人经受住任何考验的精神支柱”。

中国共产党人对信仰也是身体力行的。毛泽东说过：“我一旦接受了马克思主义的信仰就没有动摇过。”毛泽东用他的一生证明了这一点。不仅毛泽东自己，连他全家的人都投入到了这个事业中来。毛泽东有多位家人把自己奉献给了他们的信仰。中国共产党的领导人是如此，千千万万为中国革命献出自己生命的普通共产党人也是如此！新时代的中国共产党人同样理应如此。

（二）忠于国家

2018 年 5 月 2 日，习近平总书记与北京大学师生座谈时指出：爱国，是人世间最深层、最持久的情感，是一个人立德之源、立功之本。孙中山先生说，做人最大的事情，“就是要知道怎么样爱国”。我们常讲，做人要有气节、要有人格。气节也好，人格也好，爱国是第一位的。我们是中华儿女，要了解中华民族历史，秉承中华文化基因，有民族自豪感和文化自信心。要时时想到国家，处处想到人民，做到“利于国者爱之，害于国者恶之”。爱国，不能停留在口号上，而是要把自己的理想同祖国的前途、把自己的人生同民族的命运紧密联系在一起，扎根人民，奉献国家。

在中华民族几千年绵延发展的历史长河中，爱国主义始终是激昂的主旋律，始终是激励我国各族人民自强不息的强大力量。爱国主义精神深深植根于中华民族心中，是中华民族的精神基因，维系着华夏大地上各个民族的团结统一，激励着一代又一代中华儿女为祖国发展繁荣而不懈奋斗。5000 多年来，中华民族之所以能够经受住无数难以想象的风险和考验，始终保持旺盛生命力，生生不息，薪火相传，同中华民族有深厚持久的爱国主义传统是密不可分的。中国共产党是爱国主义精神最坚定的弘扬者和实践者，始终把实现中华民族伟大复兴作为自己的历史使命。90 多年来，中国共产党团结带领全国各族人民进行的革命、建设、改革实践，写下了中华民族爱国主义精神的辉煌篇章。

忠于国家就要有深厚的家国情怀，要讴歌国家。像范仲淹的“先天下之忧而忧，后天下之乐而乐”，陆游的“王师北定中原日，家祭无忘告乃翁”“位卑未敢忘忧国”“夜阑卧听风吹雨，铁马冰河入梦来”，文天祥的“人生自古谁无死，留取丹心照汗青”，林则徐的“苟利国家生死以，岂因祸福避趋之”，岳飞的《满江红》，方志敏的《可爱的中国》，等等，都以全部热情为祖国放歌抒怀，感召中华儿女团结奋斗。

忠于国家就要以身许国、以身报国，把自己融入国家富强民族复兴的伟大事业中。不论树的影子有多长，根永远扎在土里；不论身在何处，都要始终把祖国和人民放在心里。钱学森曾经说过："我作为一名中国的科技工作者，活着的目的就是为人民服务。如果人民最后对我的一生所做的工作表示满意的话，那才是最高的奖赏。"不仅是中国共产党人，中国社会的每一个人都要始终把国家富强、民族振兴、人民幸福作为努力志向，自觉使个人成功的果实结在爱国主义这棵常青树上。无论身在何处，都不忘是中华儿女的一分子，始终把祖国作为温暖的精神家园。

忠于国家必须忠于党的路线方针政策，坚持爱国主义和社会主义相统一。我国爱国主义始终围绕着实现民族富强、人民幸福而发展，最终汇流于中国特色社会主义。祖国的命运和党的命运、社会主义的命运是密不可分的。只有坚持爱国和爱党、爱社会主义相统一，爱国主义才是鲜活的、真实的，这是当代中国爱国主义精神最重要的体现。今天我们讲爱国主义，这个道理要经常讲、反复讲。弘扬爱国主义精神，必须维护祖国统一和民族团结。同时，要教育引导全国各族人民像爱护自己的眼睛一样珍惜民族团结，维护全国各族人民大团结的政治局面，不断增强对伟大祖国、中华民族、中华文化、中国共产党、中国特色社会主义的认同，坚决维护国家主权、安全、发展利益，旗帜鲜明反对分裂国家图谋、破坏民族团结的言行，筑牢国家统一、民族团结、社会稳定的铜墙铁壁。

（三）忠于人民

在 2017 年 12 月 25 日至 26 日召开的中共中央政治局民主生活会上，习近平总书记强调，不忘初心，牢记使命，首先要从中央政治局的同志做起。职位越高越要忠于人民，全心全意为人民服务。忠于人民贯穿中国共产党人治国理政全过程。

2013 年 3 月 17 日，习近平总书记在第十二届全国人民代表大会第一次会议上讲："我深知，担任国家主席这一崇高职务，使命光荣，责任重大。我将忠实履行宪法赋予的职责，忠于祖国，忠于人民，恪尽职守，夙夜在公，为民服务，为国尽力，自觉接受人民监督，决不辜负各位代表和全国各族人民的信任和重托。"

当然，忠于人民这一治国理政的核心要义在不同的历史时期和不同的社会发展阶段，会有不同的表述方式和实现形式。党的十八大以来，中国共产党将其凝练为“以人民为中心”，并以此统领治国理政各个方面。习近平总书记在党的十八届五中全会上明确提出“坚持以人民为中心的发展思想”，要求要把增进人民福祉、促进人的全面发展、朝着共同富裕方向稳步前进作为经济发展的出发点和落脚点。党的十八大以来，我们以保障和改善民生为重点，抓住人民最关心最直接最现实的利益问题，发展各项社会事业，加大收入分配调节力度，强调“全面小康一个都不能少”，使改革发展成果更多更公平惠及全体人民等，都是对这一思想的具体落实、对这一立场的坚定坚持。2016 年 1 月 18 日在省部级主要领导干部学习贯彻党的十八届五中全会精神专题研讨班上，习近平总书记提出，经济社会发展要“着力践行以人民为中心的发展思想”；2014 年 10 月 15 日在文艺工作座谈会上，2016 年 2 月 19 日在党的新闻舆论工作座谈会上，习近平总书记提出党的文艺工作、新闻舆论工作要“坚持以人民为中心的工作导向”；2016 年 4 月 19 日在网络安全和信息化工作座谈会上，习近平总书记提出“网信事业要发展，必须贯彻以人民为中心的发展思想”；2016 年 5 月 17 日在哲学社会科学工作座谈会上，他强调“我国哲学社会科学要有所作为，就必须坚持以人民为中心的研究导向”；等等。在中国社会，“以人民为中心”不是抽象的、玄奥的概念，不是纯粹的思想实验，而是经济社会发展、政治文化建设乃至外交国防各个环节的基本遵循与现实形态。

忠于人民，根本就是坚守“人民至上”这一马克思主义的立场；不忘初心，首先就是不忘“为人民谋幸福”这一中国共产党人的初心。“人民对美好生活的向往，就是我们的奋斗目标。”在十八届中央政治局常委同中外记者见面时习近平总书记讲了这句话，时隔 5 年，在十九届中央政治局常委同中外记者见面时习近平总书记又强调了这句话。中国共产党治国理政从改善人民生活、增进人民福祉切入，让人民群众“有更好的教育、更稳定的工作、更满意的收入、更可靠的社会保障、更高水平的医疗卫生服务、更舒适的居住条件、更优美的环境、更丰富的精神文化生活”，让人民群众有幸福感、获得感、安全感等等，所有这一切都是忠于人民的具体体现。

（四）忠于组织

习近平总书记指出："全党同志要强化党的意识，牢记自己的第一身份是共产党员，第一职责是为党工作，做到忠诚于组织，任何时候都与党同心同德。""坚持对党绝对忠诚，必须对党高度信赖，做到热爱党、拥护党、永远跟党走。"对党忠诚既是党对党员干部最基本的政治要求，也是党员干部最重要的政治素养。坚持对党忠诚的政治品格，才能在思想上政治上行动上同党中央保持高度一致，才能为党的事业奋斗终身。

对于中国共产党来说，要把一个近9000万党员的大党锻造成一个坚强有力的先锋队，离开纪律是万万不能的。从早先的毛泽东号召"加强纪律性，革命无不胜"到后来邓小平强调"一靠理想，二靠纪律"，再到十八届中央纪委三次全会上习近平总书记重申"遵守党的纪律是无条件的"，中国共产党对政党纪律历来是高度重视的。

重视纪律既是中国共产党对政党建设历史经验的总结，又是对政党建设规律性认识的体现。90多年来的历史告诉我们，纪律严明则人心凝聚事业兴旺，纪律废弛则人心涣散事业受挫。之所以如此，是因为政党，尤其是着眼于改造世界的马克思主义政党只有组织起来，把千千万万的政党成员拧成一股绳，把千千万万政党成员的智慧汇聚到一起，使千千万万政党成员的意志指向同一方向，才会化成集体的行动，产生 $1+1>2$ 的效果，才会形成建设新世界、开辟新事业的巨大力量。而纪律正是组织之所以成为组织的"黏合剂""保障网""赏罚令"。习近平总书记指出的"党的力量来自组织，组织能使力量倍增"讲的正是这个道理。

在过去一段时间以来，不忠于组织，在重大原则问题和大是大非面前立场摇摆、态度暧昧者大有人在。一些党员干部口头上拥护中央，暗地里对中央决定说三道四，甚至公开发表同中央精神相违背的言论，阳奉阴违、当面一套背后一套；有的对中央决定不是坚决执行，而是态度模棱两可、行动拖沓懈怠，处处为自己留"余地"；一些领导干部对中央的决策部署做选择、搞变通、打折扣，不是认真研究落实，而是一门心思找"对策"，等等。只有坚决克服这些现象，始终保持政治信仰不变、政治立场不移、政治方向不偏，才能做到对党绝对忠诚。面对复杂形势、艰巨任务和严峻考验，党员干部对党忠诚、与党同心，站稳立场、保持定力，比以往任何时候都更加重要。

严守政治纪律和政治规矩是对党绝对忠诚的“晴雨表”。只有坚守党的信仰，恪守党的纪律和规矩，才能做到对党忠诚不动摇。习近平总书记强调指出，守纪律讲规矩是对党员、干部党性的重要考验，是对党员、干部对党忠诚度的重要检验。纪律和规矩是党的生命，对党忠诚就必须严格遵守党纪党规，把纪律挺在前面。领导干部不仅要把“守纪律如生命、讲规矩为天职”作为自觉遵循，而且要坚持原则，旗帜鲜明地反对和查处违反纪律和规矩的人和事，不能让党纪党规成为“纸老虎”“稻草人”，严防“破窗效应”，推动形成遵规守纪的良好氛围。

第三节　忠诚的实践要求

忠诚，不是空对空的口号，而是实干的具体行动。“世界上的事情都是干出来的，不干，半点马克思主义也没有。”“心中有党、对党忠诚”，就必须把对组织、对人民的感恩之情，转化为奉献社会、服务群众的实际行动，转化为勇创佳绩、拼搏进取的工作劲头，在奉献中生动地体现共产党人的忠诚精神。

（一）忠诚的根基是觉悟

习近平总书记在十八届中央纪委七次全会上的重要讲话中强调：“面对公和私、义和利、是和非、正和邪、苦和乐的矛盾，是选择前者还是后者，靠的就是觉悟，最终检验的是对党和人民的忠诚。党的领导干部必须讲觉悟、有觉悟。有觉悟了，觉悟高了，就能找到自己行为的准星。”

虽然“觉悟”不是中国共产党的发明，但是中国共产党把它发扬光大，作为共产党人的入门课、终身事、每日功，作为锤炼党性、实践信仰的试金石。

觉悟是中国共产党人的“入门课”。

觉悟，觉则不昏，悟则不迷。说到底是对世界观、人生观、价值观的一种选择、一种取舍。中国共产党在党章中明确写道：“中国共产党党员是中国工人阶级的有共产主义觉悟的先锋战士。”把有无“共产主义觉悟”作为党员与非党员的分水岭，强调的正是“觉悟”对于共产党员的基础性意义。

我们经常讲要思想上入党，讲的也是觉悟。如果一个人虽然出身工人阶级也履行了各种入党程序，但是没有确立起马克思主义的世界观，没有准备为共产主义奋斗终身，不能把自己与工人阶级与劳动者紧紧融为一体，不敢与旧世界彻底决裂，也不能算是真正的共产党员；反过来，一个人虽然可能出身于其他阶级阶层，但他觉悟了，背弃了既有的阶级阶层，把工人阶级作为自己的阶级归属，把共产主义作为自己的奋斗目标，他就是中国共产党的合格党员。中国共产党早期很多优秀党员就是这样锻造出来的。

觉悟是中国共产党人的“终身事”。

觉悟不是一朝一夕的事情，也不是一劳永逸的事情。从小觉悟走向大觉悟，从浅觉悟变为深觉悟、高觉悟，更是一辈子的事情。尤其对于共产党员来说，保持共产党人的觉悟不放松、不动摇、不褪色是贯穿一生的党性修养与锤炼，生命不息、觉悟不已。

“四大考验”说到底就是对共产党员觉悟的考验，“四种危险”究其根本是丧失觉悟导致的危险。执政时间长了，会不会习惯性地为执政而执政，忘记了初心，忘记了当初为什么执政；深化改革扩大开放会不会“丢弃自家宝，沿街去乞讨”，妄自菲薄犯颠覆性的错误；搞市场经济，探索如何在经济领域按市场规则办事的同时，如何不把商品交换那一套搬到党内政治生活和工作中来，不搞权钱交易；在外部环境更加错综复杂甚至诱惑多多的情况下，如何“咬定青山不放松”，如何“稳坐钓鱼台”，等等。所有这些考验从不间断也不会休止，把持得住则百炼成钢、百毒不侵，会对建设伟大事业更加自觉、对推动伟大工程更加坚定、对赢得伟大胜利更加自信；把持不住则会由觉转昏，从悟变迷，不可避免导致精神懈怠、能力不足、脱离群众、消极腐败。

觉悟是中国共产党人的“每日功”。

如何做到觉而不昏，悟而不迷，让觉悟始终保鲜，需要时时修养，事事磨炼。觉悟是思想境界的提升，更是日常行为的积累。共产党员是否有觉悟，觉悟是高还是低不能靠自我标榜，不能自以为是，关键要看我们的行为是否符合党的宗旨，用习近平总书记的话讲就是“最终检验的是对党和人民的忠诚”。共产党员日常的每一件工作，每一个行为既是觉悟的体现，又是对觉悟的养护。对共产党员来说，觉悟绝不仅仅是想清楚一些“好道理”，更是做对了一些“实事情”：比如，在社会对房地产市场投资投机越来越习以为常的情况下，能坚定地做出“房子是用来住的，不是用来炒的”决策，这就是觉悟；又比如，面对反腐败过程中出现的巨大压力与挑战，能豪迈地说出“没有免罪的‘丹书铁券’，也没有‘铁帽子王’”，这也是觉悟；还比如，在全面建成小康社会过程中满怀深情反复要求“一个都不能少”，这更是觉悟。

当每一个共产党员、特别是领导干部能自觉地向党中央和习近平总书记看齐，通过党性修养和党内生活锻炼不断提高觉悟，通过工作实践和斗争磨砺不断坚定觉悟，我们就可以自豪地说，我是共产党员，我永远是真正的共产党员。

（二）忠诚要害在“绝对”两个字

习近平总书记指出：“对党绝对忠诚要害在‘绝对’两个字，就是唯一的、彻底的、无条件的、不掺任何杂质的、没有任何水分的忠诚。”

与一般意义上的忠诚相比，党员领导干部的忠诚是有明确指向的，最首要的同时也最根本的是对党忠诚。对党忠诚，不是抽象的而是具体的，不能光听表态关键要看行动，要体现到对党的信仰的忠诚上、对党组织的忠诚上、对党的理论和路线方针政策的忠诚上，三个方面缺一不可。

身为党员，只想要“共产党员”这个身份而不想也不去做“共产主义者”，不信仰马克思主义，不愿意为共产主义奋斗终身；面对外人对政党信仰的挑衅，不亮剑不战斗，含糊其词，语焉不详，还自我标榜“开明绅士”；更有甚者吃饭砸锅，公开质疑嘲弄政党的宗旨主义纲领，还美其名曰“解放思想”，这样的党员就是挂羊头卖狗肉，根本不可能对党忠诚。

身为党员，不守纪律不讲规矩，把组织当成来去自由的“大车店”、各取所需的“大卖场”、自行其是的“私人俱乐部”；不能时时记住自己是有组织的人，对组织阳奉阴违，不老实、不本分，做“两面人”；更有甚者拉帮结派、团团伙伙，搞“独立王国”，这样的党员全然没有党的意识，何谈对党忠诚。

身为党员，不能用党的理论武装头脑，对党的路线方针政策断章取义、“我注六经”，合意的执行，不合意的就不理睬，甚至还以闯红灯、打擂台、夹私货为荣，这样的党员成事不足败事有余，离对党的忠诚差距不止十万八千里。

党员领导干部讲忠诚，就要经常在这三个方面对对表，哪些方面做到了，哪些方面没有做到；哪些方面做得好，哪些方面做得不好。对表的时候既要定性，还要定量，既要看一时一事，还要看常态持久，既要看表现出来的行为，还要看背后的动机觉悟。这就涉及对忠诚品质的考量，也就是我们经常讲的忠诚度的问题。

习近平总书记谈到忠诚时用过两个词，一个是“绝对”，一个是“纯粹”，角度不同但立意相同、要求一致。用“绝对”和“纯粹”来对忠诚度对表，就是要求党员领导干部要做到对党忠诚是唯一的，是一心一意的忠诚，不能三心二意，总想着更换门庭，更不能朝三暮四，有奶便是娘。对党的忠诚是彻底的，是全心全意的忠诚，不能半心半意，老想着打折扣、留后手，有时忠诚有时不忠诚，在一件事情上忠诚在另外一件事情上不忠诚；对党的忠诚是无条件的，不能讨价还价，对自己有好处就忠诚，没有好处就不忠诚，给的好处多就多些忠诚，给的好处少就少些忠诚；对党的忠诚不掺任何杂质、没有任何水分，不能凭个人好恶，搞江湖义气，有私人感情就忠诚，没有感情就不忠诚。党员领导干部一定要清醒地认识到，对党忠诚不是对某一个领导干部个人尽忠，党内决不能搞人身依附关系，不能变成封建依附的门客、门宦、门附，否则忠诚就是南辕北辙、甚至南橘北枳。中国古语“小忠忠身，大忠忠道”，讲的就是这个道理。

最后要强调的是，对党绝对忠诚是最重要的政治纪律，守住纪律底线是最基本的政治要求，在这一点上来不得半点含糊。但是，勉强的忠诚是不管用也靠不住的。真正遵守好这一纪律的关键不是来自外在的强制，而是来自党员领导干部内在的自觉。所以说到底，忠诚又是对党员领导干部觉悟境界的一种考验。当党员领导干部做到对信仰虔诚而执着，为了信仰义无反顾；融个体“小我”于组织“大我”，心甘情愿做党的螺丝钉；把个人荣辱得失与党的事业兴衰成败紧紧相连，对党的忠诚就有了坚实而又可靠的基础，对党的忠诚就会绝对而纯粹。

（三）在“四个伟大”实践中证明忠诚

习近平总书记指出：“当下，中国共产党正在统揽进行伟大斗争、伟大工程、伟大事业、伟大梦想的实践。”“四个伟大”是中国共产党一以贯之的实践品格与理想追求，也是新时代中国社会正在进行的波澜壮阔的伟大实践。

“四个伟大”是一个统一整体。我们之所以讲“统揽”，就是强调不要把“四个伟大”分割开来。伟大斗争、伟大工程、伟大事业、伟大梦想，紧密联系、相互贯通、相互作用，其中起决定性作用的是党的建设新的伟大工程，贯穿始终的是伟大斗争，一以贯之的是伟大事业，始终不渝的是伟大梦想。同时，“四个伟大”中的每一个“伟大”都蕴含着丰富的理论内涵和鲜明的实践指向，只有科学把握每一个“伟大”的深刻意蕴，才能在实践中正确统揽“四个伟大”。

用勇于斗争证明忠诚。伟大斗争的“新的历史特点”体现在坚持党的领导和我国社会主义制度方面，就是要坚决与一切削弱、歪曲、否定党的领导和我国社会主义制度的言行作斗争；在维护人民利益方面，要坚决与一切损害人民利益、脱离群众的行为作斗争；在投身改革创新时代潮流方面，要坚决破除一切顽瘴痼疾，与阻碍历史进步的行为作斗争；在维护我国主权、安全、发展利益方面，要坚决与一切分裂祖国、破坏民族团结和社会和谐稳定的行为作斗争；在防范各种风险方面，要坚决战胜一切在政治、经济、文化、社会等领域和自然界出现的困难和挑战。这场伟大斗争是长期的、复杂的、艰巨的，我们一定要发扬将斗争进行到底的精神，切实增强斗争意识，不断提高斗争本领，勇于斗争、善于斗争，用一往无前的奋斗姿态夺取伟大斗争的新胜利。

用“大党要有大的样子”彰显忠诚。中国共产党是世界上最大的政党，也是迄今为止在世界上执政时间最长而且还将继续长期执政的政党。功成名就时做到居安思危、保持创业初期那种励精图治的精神状态不容易，执掌政权后做到节俭内敛、敬终如始不容易，承平时期严以治吏、防腐戒奢不容易，重大变革关头顺乎潮流、顺应民心不容易。习近平总书记指出，我们党要始终成为时代先锋、民族脊梁，始终成为马克思主义执政党，自身必须始终过硬。伟大工程就是我们党正在深入推进的党的建设新的伟大工程。

毋庸讳言，在复杂的执政环境下，影响党的先进性、弱化党的纯洁性的各种因素客观存在，而且具有很强的危险性和破坏性，“四大考验”“四种危险”是长期复杂严峻的。建设伟大工程就是要更加自觉地坚定党性原则，勇于直面问题，敢于刮骨疗毒，消除一切损害党的先进性和纯洁性的因素，清除一切侵蚀党的健康肌体的病毒，不断增强党的政治领导力、思想引领力、群众组织力、社会号召力，确保我们党永葆旺盛生命力和强大战斗力，把中国共产党建设成为世界上最伟大的政党、世界上最强大的政党。因此，新时代党的建设新的伟大工程，既要培元固本，也要开拓创新，既要把住关键重点，也要形成整体态势，特别是要发挥彻底的自我革命精神，以党的自我革命来推动党领导人民进行的伟大社会革命。

用新时代中国特色社会主义新辉煌证明忠诚。推进伟大事业就是要更加自觉地增强道路自信、理论自信、制度自信、文化自信，既不走封闭僵化的老路，也不走改旗易帜的邪路，保持政治定力，坚持实干兴邦，始终坚持和发展中国特色社会主义。特别是随着中国特色社会主义进入新时代，中国社会迎来了从站起来、富起来到强起来的伟大飞跃，社会主要矛盾发生重大转化，对坚持和发展中国特色社会主义提出了更高要求。我们要统筹推进“五位一体”总体布局、协调推进“四个全面”战略布局，更好推动人的全面发展、社会全面进步。不仅让科学社会主义在21世纪的中国更进一步焕发出强大生机活力，同时还要给世界上那些既希望加快发展又希望保持自身独立性的国家和民族提供全新选择，为解决人类问题贡献中国智慧和中国方案，谱写出新一代中国共产党人的新篇章。

在实现伟大梦想的新赶考中谱写忠诚新篇章。习近平总书记指出，有梦想，有机会，有奋斗，一切美好的东西都能够创造出来。实现中华民族伟大复兴是近代以来中华民族最伟大的梦想。这个梦想，凝聚了几代中国人的夙愿，体现了中华民族和中国人民的整体利益，是每一个中华儿女的共同期盼。对于中国共产党来讲，为中华民族谋复兴是义不容辞的历史使命，初心不改，矢志不渝。经过中国共产党人 90 多年的努力奋斗，特别是党的十八大以来的历史性成就与历史性变革，使得今天的我们比历史上任何时期都更接近、更有信心和能力实现中华民族伟大复兴的目标。当然，行百里者半九十。中华民族伟大复兴，绝不是轻轻松松、敲锣打鼓就能实现的。中国共产党和中国人民必须准备付出更为艰巨、更为艰苦的努力。我们要以实干兴邦的精神状态，以钉钉子的精神，一年接着一年干，一代接着一代干，撸起袖子加油干，逢山开路遇水架桥，通过进行伟大斗争、建设伟大工程、推进伟大事业来为实现梦想奠定坚实的基础。

忠诚没有休止符，觉悟永远在路上。让我们用觉悟锻造忠诚，用行动证明忠诚，为全面建成社会主义现代化强国，实现中华民族伟大复兴中国梦注入强大正能量。

第一章

天下至德，莫过于忠

——从中国历史文化看“忠诚”

本章提要

忠诚，是中华优秀传统文化中的思想精华和道德精髓，是伟大的中华民族精神写照。从中国历史文化来看，忠诚是舍身求法、敢为天下先的大无畏精神，是为民请命、以国为家的担当精神，是坚忍不拔、自强不息的主体精神，是“捐躯赴国难，视死忽如归”的爱国主义精神。

在人类文明发展史上，多少文明和古国，如恒河之沙多不胜数，但能够作为一个完整文化和国家几千年绵延不绝发展到今天的，非中华民族莫属。正如党的十九大报告指出的，“中华民族是历经磨难、不屈不挠的伟大民族”。中华民族之所以几千年屹立于世界民族之林，历经磨难，屡仆屡起，一次次凤凰涅槃，生生不息、薪火相传，成为人类发展史上的奇观，最根本的就是深深植根于民族基因的伟大精神支撑和崇高的价值追求。忠诚，对民族和国家的忠诚，是中华优秀传统文化中的思想精华和道德精髓，是支撑着伟大民族砥砺前行的根本动力，是中华民族伟大精神的最明显标识。

第一节　忠诚是中华民族重要的道德范畴

从造字上看，“忠”字的构造为上“中”下“心”。忠，存心居中，正直不偏，古以不懈于心为敬，故忠从心；又以中有不偏不倚之意，忠为正直之德，故从中声。它表示“公正”“正直”“尽心”“尽力”“尽己”“忠诚”“忠信”等广泛的道德内涵。作为一种德性，它具有“令德”的意义和价值。《现代汉语词典》解释“忠”为“忠诚”的意思，如忠良、忠烈、忠实、忠顺、忠心、忠言、忠义、忠勇、忠贞，等等。《古代汉语词典》解释“忠”，有三种含义：一是指办事尽心竭力，二是指忠于君主，三是通“中”。《汉语大词典》解释“忠”有四种意思：一指忠诚无私，尽心竭力；二特指事上忠诚；三指忠厚；四指姓。《辞源》解释“忠”，主要指忠诚。

诚的基本意思是诚实、真实，不虚伪、不奸诈，主观符合客观。《增韵·清韵》：“诚，无伪也，真也，实也。”《礼记·中庸》：“诚者自成也。”“诚”，是儒家为人之道的中心思想，立身处世，当以诚信为本。

（一）忠诚文化的发端

忠诚作为一个词组或者概念，最早出现于《荀子·尧问》第三十二：“尧问于舜曰：‘我欲致天下，为之奈何？’对曰：‘执一无失，行微无怠，忠信无倦，而天下自来。执一如天地，行微如日月，忠诚盛于内，贲于外，形于四海，天下其在一隅邪！夫有何足致也！’”“贲”同“奋”。“忠诚盛于内，贲于外，形于四海”意为：内心的忠诚炽盛，就会振发在外，遍布于四海之内。

忠诚，实际上是两个意思的合一，按照字面原意，忠就是“尽心竭力，为人效劳”，即真心为人服务的意思。“忠”的造字是心上放个“中”，即是处处保持不偏不倚、大公无私的存心，能够舍己从人、舍小取大，处处关心团体或公众利益的意思。而“中”这个字也有核心、主轴、根本的意思。忠就是公心，忠的反面为私心，故没有私心就是忠。因此，在古圣先贤的眼中，“忠”这个字并非只是去事奉一个人，或只是为了达成一个私我的目标而已，而是能够公平地去维护大家的目标才叫“忠”。虽然“忠诚”作为文字出现的比较晚，但从《尚书》看，在夏、商、周三代“忠”文化是早已存在了。

应该说在春秋战国早期，忠已经成为一种比较普遍的社会道德了。如《左传·庄公十年》：公曰：“小大之狱，虽不能察，必以情。”对曰：“忠之属也，可以一战，战则请从。”显然，这里的忠是实事求是的意思，诚心诚意做事。《论语·学而》：“吾日三省吾身：为人谋而不忠乎？与朋友交而不信乎？传不习乎？”这句话大意是指：我每天都多次反省自身，为人办事是不是尽心尽力了呢？和朋友交往是不是言而有信呢？老师传授的知识是否温习了呢？显然，这里的“忠”指的也是处事做事的态度。

与“忠”相比，“诚”作为儒家为人之道的中心思想，意即立身处世，当以诚信为本。宋代理学家朱熹认为：“诚者，真实无妄之谓。”就是说，言行须循天道，说真话，做实事，反对虚伪，意思为诚实。

荀子发挥了“诚”的思想，指出它为“政事之本”，说：“天地为大矣，不诚则不能化万物；圣人为知矣，不诚则不能化万民；父子为亲矣，不诚则疏；君上为尊矣，不诚则卑，夫诚者，君子之所守也，而政事之本也。”荀子在这里把“诚”抬到与孔子“仁”一样的地位，认为是处理人与人之间关系和治国理政的根本遵循。

在《礼记·中庸》里，“诚”成为礼的核心范畴和人生的最高境界：“唯天下至诚，为能尽其性；能尽其性，则能尽人之性；能尽人之性，则能尽物之性；能尽物之性，则可以赞天地之化育；可以赞天地之化育，则可以与天地参矣。”就是说，至诚如神，有了诚笃的品德和态度，就可以贯通多种仁义道德，成己成人，甚至能够尽人之性，尽物之性，赞天地只化育而与天地参，达到“天人合一”的境界。《大学》把“诚意”作为八条目之一，格物，致知，诚意，正心，修身，齐家，治国，平天下。“诚”成为圣贤们体察天意、修身养性和治国平天下的重要环节。

（二）忠诚内涵的演变

从历史上看，忠诚的概念和内涵也是不断演变和发展的。春秋战国时代，“忠”并不是儒家的专利，诸子百家多多少少都涉及“忠”的概念，其中，最主要是儒家，是孔子。孔子的“忠”内涵非常丰富，在不同的地方，孔子大多都会赋予其特定的含义，囊括了事君待友之方、行政治民之法和成仁为人之道。按照其含义，大致可以划为两类：一种作真诚、诚意、尽心竭力解，这属于伦理道德的范畴，是孔子认为的君子修身的主要内容。《论语》里的“忠”，大多是这个意思，例如：“主忠信，无友不如己者，过则勿惮改。”[①] 另一种是属于政治意义范畴的忠诚，孔子时代是一个礼崩乐坏的乱世，孔子把“忠”作为政治伦理道德的重要部分，提出了“正名”，“君君臣臣父父子子”，《论语·八佾》中“定公问：‘君使臣，臣事君，如之何？’孔子对曰：‘君使臣以礼，臣事君以忠。’”在这里，“忠”是臣事君的一种方式和准则，更是为臣者必备的内在品质和修养。但孔子这里的君臣关系的“忠”是有严格前提条件的，孔子论臣道：“以道事君，不可则止”[②]，“邦有道则仕，邦无道，则可卷而怀之”。就是说，臣下如果遇到了昏庸残暴的君主，则可以离

① 《论语·学而第一》。
② 《论语·先进》。

开不为其服务。

从忠诚的历史发展演变看，“忠”“诚”“忠诚”“忠信”“忠恕”“忠义”“愚忠”等概念，在不同的历史时期，在不同的学者诠释中有不同的含义，但有一点是不变的，忠诚是一种优秀的品德，是一种个人的修养要达到的道德范畴，是对国家、对君主、对朋友、对事业的一种做人做事积极态度。孙中山先生曾说：“古时所讲的‘忠’，是忠于皇帝……我们在民国之内，照道理上说，还是要尽忠，不忠于君，要忠于国，忠于民，要为四万万人去效忠。为四万万人效忠，比较为一人效忠要高尚得多。”其实，古代的“忠”的范畴是一种广义的道德范畴。

第二节　内容丰富、源远流长的忠诚内涵

无论是纵向还是横向考察，忠诚作为一种贯穿中华民族文明史、作为普天下遵循的一种社会道德和评价标准，其基本内涵应该包括以下几个方面：

（一）忠诚是一种信念，一种做人的最高、最完美准则

后汉马融的《忠经》开篇就说：“天之所覆，地之所载，人之所履，莫大乎忠。”“忠也者，一其心之谓也”①。人类的所有美德几乎都与“忠”有着紧密的联系，自古至今，“忠”为中华民族第一美德。

一个人的信念决定着这个人人生的发展方向。忠诚是一种信念，是一个人生命中最重要的部分。忠诚是个人自强的根基，一个人如果失去了忠诚，那么就失去了人们对他最根本的信任，同时也失去了在社会上立足的根基。在我国历史上，是否忠诚从来都是评价一个人的基本标准，是小人君子的基本界限。忠信是君子必备的重要品德，“言忠信”“行笃敬”是君子践行忠信的完美统一。孔子曾经感叹道：“人而无信，不知其可也。大车无輗，小车无軏，其何以行之哉!”意思是说，一个人如果不讲信用，真不知道他怎么处世，这就像牛车没輗，马车没有軏一样，那车怎么能走呢？无诚无信之人，不但不能畅行于天下，而且会

① 《忠经·天地神明章第一》。

在人生、事业道路上步履维艰、举步难行。子张问行于孔子，子曰："言忠信，行笃敬，虽蛮貂之邦，行矣！言不忠信，行不笃敬，虽州里，行乎哉?"孔子更教导弟子们必须做到"弟子，入则孝，出则第，谨而信，泛爱众而亲仁"。无疑，讲诚信的人，即使在陌生落后的少数民族地方，也能畅通无阻；否则，即使在故土家乡，也寸步难行。

忠诚一直被孔子视作待友的基本原则，也是其教育弟子的主要内容，"子以四教：文，行，忠，信"①。忠在朋友关系中是指待人接物要尽心竭力，真诚专一。"与人忠"被孔子当作人的最高道德品质"仁"的重要内容之一，他一再教育弟子"主忠信""言忠信""言思忠"。对朋友的过失应该批评指正，"忠焉，能无诲乎?"② 但这种批评应该是"忠告而善导之，不可则止"，对朋友忠心劝告，好好引导，如忠言逆耳，朋友听不进去，就应及时停止，不应自取其辱，"朋友数，斯疏矣"③。在孔子的教育下，曾子把"为人谋而不忠乎"作为"吾日三省吾身"的首要内容，他是深得孔子交友原则的真谛的。

一言以蔽之，忠乃是对天地、国家、人民、君上、学术、信仰、职守、家庭及自己，都至公无私，始终如一，诚实不欺，任劳任怨，不避危难，尽心竭力的负责完成分内义务之美德。

（二）忠诚是治国理政或者"仁政"的基本纲领

"忠"在《论语》中共出现18次，分布在十六章中，其中单独出现11次，与"恕"合作"忠恕"出现一次，与"信"合作"忠信"出现六次。就其内容看，分别回答了关于从政、待友、处世、事君、修养、治民等问题，大都属于处理人际关系的范围。而把这些属于人际关系处理方面的语句进行分类，最为突出的还是交友、治民、事君三大类，它们分别属于个人与个人、个人与集体之间的关系。

在儒家那里，忠并不是一种单纯的人与人之间或者臣子与君主的关系，而更多的是一种执政原则。在《礼记》中多处对臣子要求"忠信"，如《礼记·祭义第二四》曾子曰："事君不忠，非孝也。"《祭统第二

---

① 《论语·述而》。
② 《论语·宪问》。
③ 《论语·里仁》。

五》："忠臣以事其君，孝子以事其亲，其本一也。"孔子的学生子张问道："楚国的令尹子文三次做令尹的官，没有高兴的颜色；三次被罢免，没有怨恨的颜色。每一次交代时，一定把自己的一切政令全部告诉接位的人。这个人怎样？"孔子回答说："忠矣。"[①] 这里说的"忠"是指尹文子对国家民族的忠心。而对君主来说："君子有大道，必忠信以得之，骄泰以失之"[②]，"凡听五刑之讼，必原父子之亲、立君臣之义以权之。意论轻重之序、慎测浅深之量以别之。悉其聪明、致其忠爱以尽之"[③]。就是说，君主拥有忠爱，才能赢得群众的支持，才能获得一切。

根据《列子·说符》记载，有一天，孔子师徒从卫国返回鲁国，在桥上停车观赏河上风景。河上瀑布飞流直下，鱼鳖不能游动。这时，他们却看见一个男子正要从那里泅渡过河。孔子担心，赶忙让人去阻止。男子却坚持泅渡，最后游了出来。孔子感到奇怪，问："你在如此湍急的水流中泅渡，有什么技巧吗？"男子说："始吾之入也，先以忠信；及吾之出也，又从以忠信。忠信措吾躯于波流，而吾不敢以用私，所以能入而复出也。"意思是说遵循水性，顺从水流，这就像用"忠信"托着身躯，在急水湍流中平稳前进一样，所以能游入水中而又安全游出。这一场景，连见多识广的孔子都感到吃惊。于是，他告诉弟子说："你们记住，用忠信成就自身尚且可以用来亲近水，更何况人呢？"这里的"忠信"便是掌握自然规律，顺势而为，不可不尽心竭力，不可偏离规则。

弟子谨记孔子关于忠信的教诲，并在为政生涯中加以实践。子路治理蒲地三年后，孔子经过那里说："好啊，仲由恭敬而有诚信。"进入城邑，孔子说："好啊，仲由忠信而宽厚。"孔子到了子路的官署，说："好啊，仲由明察而果断。"子贡拉着缰绳，疑惑地问："夫子还没有看到仲由怎样施政，就如此称赞，什么意思？"孔子说："进入蒲地，看到田地都得到了整治，沟渠都得到了深挖，这说明他为政恭敬而诚信，百姓尽力劳作。进入蒲邑，看到城墙房屋都很坚固，树木很茂盛，这是因为他忠信宽厚，因而百姓毫不懈怠。进入蒲地，看到官署内很清闲，手

---

① 《论语·公冶长》。

② 《大学第四二》。

③ 《王制第五》。

下人都听从命令，这说明他明察而果断。”这就是说，子路为政，以“忠信”治理蒲地，不仅自己恭敬诚信，而且以“忠信”教化百姓，使他们毫不懈怠，尽心竭力。

可见，儒家的“忠”除了规范一般人与人之间的道德关系之外，还规范着上下之间、个人对国家民族之间的道德关系，是从政者所遵循的治国理政的一项最根本原则。忠信观念对于一个国家的治乱成败是相当重要的，在《颜渊》中，子贡问怎样去治理国政，子曰：“足食，足兵，民信之矣。”子贡又问，如果迫不得已去掉其中的一个，应该选哪一个，曰：“去兵。”子贡再次提出选其一而去之，子曰：“去食。自古皆有死，民无信不立。”

（三）忠诚是与仁、信、恕、孝互为表里的一种社会道德

在儒学体系中，忠诚总是和其他做人做事、修身养性、治国理政等美好概念通用连用的。特别是“忠”与“信”的关系，在孔子《论语》中，“忠”出现了18次，“信”出现了38次，“忠信”连用出现了7次。孔子对“忠信”给予了高度重视，“忠”和“信”具有同质性。“忠”从中从心，“信”从人从言，一个人没有忠诚之心，他将没有忠诚之言，更没有忠诚之行。可以说，“忠”是“信”的依据，“信”是“忠”的外在表现，二者互为表里，相互贯通。“忠”和“信”二者虽然名词不同，究其本质，都是一种发自内心的、真情实意的、言行一致的高尚品质。不过，虽然“忠”“信”二者具有同质性，互为表里，但还是有所区别并各有侧重的。

忠恕之道是仁爱思想的重要内容，“忠恕”是孔子一以贯之的思想。“忠”，就是要求待人诚恳、不欺诈、不瞒骗，受人之托，就要忠人之事；而“恕”则要求能够宽厚待人，凡事多体谅他人，多多进行反躬自省。孔子的学生曾子说过：“夫子之道，忠恕而已也。”[①] 在曾子看来，孔子的全部思想用“忠恕”二字就可以加以概括。实际上，在孔子思想中“忠”和“恕”都是“仁”的重要内容之一。《论语注疏》：“《正义》曰：忠，谓尽中心也。恕，谓忖己度物也。言夫子之道，唯以忠恕一

① 《论语·里仁》。

理，以统天下万事之理，更无他法，故云而已矣。”意思是说，忠是指尽其衷心，或者说诚心诚意。恕，是指以己来忖度其他事物。即是说孔子的道，是以忠恕这一理，来统摄天下万事万物的理，除外无他。《四书集注》对忠恕的解释：“朱子曰：尽己之谓忠，推己之谓恕。而已矣者，竭尽而无余之辞也。”在孔子那里，“忠”与“恕”实只“一”道，故孔子说“吾道一以贯之”；若把“忠”与“恕”割裂开来，则“吾道”成为两道矣。在孔子的“一”道中，包含着“己欲立而立人，己欲达而达人”，“己所不欲，勿施于人”的统一而深刻的意涵。因此，“忠”与“恕”有着相互补充、相互规定、相互包含的意思。只有把“忠”与“恕”统一起来，既做到“己欲立而立人，己欲达而达人”，又做到“己所不欲，勿施于人”，才是孔子的“一以贯之”的仁道。

我们常说“忠孝不能两全”，“忠”与“孝”，在儒家那里是作为政治秩序建构的根基加以思考的。《论语》说“孝当竭力，忠则尽命”。这两句话是从“事父母能竭其力”与“臣事君以忠”变化而来的，强调孝敬父母应当竭尽全力，尽你所能去做。忠于君主要不超越本位，一心一意，恪尽职守。孔子所讲的“忠”的外在性源于人对内在所先天禀赋的价值的持守，在孔子这里就是仁的保持，而仁之本正在于“孝”。孔子曰：“予之不仁也！子生之年，然后免于父母之怀。夫三年之丧，天下之通丧也。予也有三年之爱于其父母乎？”① 儒学对于人之本质的认识在于人生来就处在血缘关系的纽带之中，人之为人在于血缘关系内的人际关系之中。

在忠与孝关系上，忠不是凌驾于孝之上，而是要服从于孝。如湖北出土的《郭店楚墓竹简》，其中就多处讲到君臣父子的关系，《郭店楚墓竹简·语丛三》就有：“父亡恶。君犹父也，其弗恶也。犹三军之旃也，正也。所以异于父，君臣不相才也，则可已。不悦，可去也。不义而加诸己，弗受也。”意思是说，父子关系如同君臣，但父子与君臣又有区别。臣下可以离开君主，对君主不合道义的要求，也可以不予接受，所以“友，君臣之道也”，还指出：“君义，臣忠……义使忠”，甚至提出：

---

① 《论语·阳货》。

“为父绝君，不为君绝父”[1]。《论语·子路》记载，叶公语孔子曰：“吾党有直躬者，其父攘羊，而子证之。”孔子曰：“吾党之直者异于是，父为子隐，子为父隐，直在其中矣。”孔颖达正义：“孔子言此，以拒叶公也。言吾党之直者，异于此证父之直也，子苟有过，父为隐之，则慈也；父苟有过，子为隐之，则孝也。孝慈则忠，忠则直也。故曰直在其中矣。”

在孔子看来，忠不能以牺牲“孝”为前提，只有与“孝”一致才算是完美的。也就是说，在这一时期的忠孝观中，忠并不绝对先于孝，所以《公羊传·定公四年》这样评价伍子胥的复仇：“事君犹事父也，此其为可以复仇奈何?”曰：“父不受诛，子复仇可也。”何休注：“不受诛，罪不当诛也……本取事父之敬以事君，而父以无罪为君所杀。诸侯之君与王者异，于义得去，君臣已绝，故可也。”可见，在这一时期，君有道有义，臣则以忠行事；反之，君若无道无义，臣未必要承担忠君之责。

（四）忠诚，一种臣下对君主的基本原则

君臣关于“忠”的关系，是一种互为前提的辩证关系。忠诚不仅是单方面要求的下服从上，而且也要求被忠诚者要配得上这种道德。孔子说：“君使臣以礼，臣事君以忠。”意思是国君以礼节来差使大臣，大臣以忠诚来事奉国君。也就是说，臣下首先应该忠于社稷，应该为国家和百姓服务，而不是盲目地忠于君主。如果像商汤、周文王这样的贤君明主，做大臣的就要尽忠职守，尽心尽力辅佐他们；而类似于夏桀、商纣这样的昏君，你忠于他们，就是助纣为虐、残害百姓。孔子也说过：“所谓大臣者，以道事君，不可则止。”子路问怎么事君，孔子说：“勿欺也，而犯之。”犯就是“犯颜直谏”的意思。孔子还说过：“以道事君，不可则止。”即便是作为法家的荀子强调君主的至高无上地位，“天子者，势位至尊，无敌于天下”[2]，但并不表示君主可以不受任何法治道德约束，只有君主能够善尽其职责，人臣才“以礼事君，忠顺而不

---

① 《郭店楚墓竹简·六德》。

② 《荀子·正论》。

懈”[1]，君主能行公道，则臣下忠，若“人主不公，人臣不忠也。”[2] 我们知道，孔子最早提出君君臣臣，但这里面并没有后世提倡的“忠君不事二主”的概念。管仲是公子纠的老师，公子纠被齐桓公所杀，管仲不仅没有以身尽忠，反而为齐桓公效力，帮助齐桓公成就霸业。像管仲这样一位“贰臣”，不仅没有受到孔子的指责，反而得到孔子的高度评价：“桓公九合诸侯，不以兵革，管仲之力也。如其仁！如其仁！”[3] 被推举许为具有“仁”德——孔子心目中最高的品德。

可见，先秦时期儒家的忠君思想都是有前提条件的，臣民应该忠于有道明君，也可以诛杀无道昏君。不仅如此，对于忠君与爱国的关系，当时的人们也有着相对客观的看法。春秋时期，齐国大臣崔抒杀掉了国君齐庄公，有人问相国晏子说：“你打算为国君死难吗？”晏子回答说：“君为社稷死，则死之；为社稷亡，则亡之。”意思是说，国君的责任是维护社稷，臣子的责任也是维护社稷。如果国君是为社稷而死，就尽到了自己的责任，人臣也应该尽自己的责任，和他一块去死。而如果国君不是为了社稷而是为了私欲而死，那么臣下就没有为国君而死的道理。孔子认为晏子做得对，晏子是忠臣，《孔子家语·辩政》载，子贡问孔子说：“夫子之于子产、晏子，可谓至矣。敢问二大夫之所为，夫子之所以与之者？”孔子回答说：“夫子产于民为惠主，于学为博物；晏子于君为忠臣，而行为恭敏。故吾皆以兄事之，而加爱敬。”司马迁深有感触地说：“方晏子伏庄公尸哭之，成礼然后去，岂所谓‘见义不为无勇’者邪？至其谏说，犯君之颜，此所谓‘进思尽忠，退思补过’者哉！假令晏子而在，余虽为之执鞭，所忻慕焉。”可见，司马迁认为忠臣就是应该像晏子这样，忠于社稷而不是君主。

在春秋战国时期，尽管提出了忠君的概念，但君主与社稷是完全两个概念，而且道义高于君主个人。忠诚的本意从来就不是单方面绝对服从的“愚忠”，即便是到了宋代，“愚忠”在现实政治生活中并不存在，就连极力鼓吹三纲五常的理学家朱熹，也明明白白地不许弟子绝对“忠君”。一些学者认为岳飞被杀是愚忠所致，其实，在当时，皇帝、宋朝、

---

① 《荀子·君道》。
② 《荀子·王霸》。
③ 《荀子·宪问》。

国家、社稷是一个概念，宋高宗赵构是大宋的法定继承人，是大宋的皇帝，是国家和社稷的代表，大敌当前，不忠于他还能忠于谁？岳飞的“忠于国家”“忠于朝廷”，和“忠于皇帝”名义上是相统一的，或者说是一致的。这时的“忠君”，只是一种“忠于国家”的表现形式。还有文天祥，他被俘后，忽必烈派宋恭帝赵显来劝降，如果是愚忠，那么文天祥应该随着宋恭帝投降，而且应该接受宋恭帝的劝降，但是文天祥不这样想，他最后一次给宋恭帝行了大礼，说：“君臣缘分已尽，圣驾请回吧!”他说的很清楚，我忠于大宋这个国家，而不是你这个号称皇帝的人，你已经背弃了国家，就是陌路了。

第三节　忠诚是伟大的中华民族精神的写照

民族精神是一个民族赖以生存和发展的精神支撑，是一个民族生命力和凝聚力的重要体现。在中华民族优秀传统文化中始终贯穿着忠诚的基因，忠诚作为一种响彻千古的道德、作为中华民族高高飘扬的一面旗帜，激励着一代代中华儿女临难不惧、临危不屈、砥砺前行。在浩瀚的历史长河里，多少忠诚之士，受命之日忘其家，临阵之时忘其亲，击鼓之时忘其身，谱写了一曲曲感天动地的忠诚之歌，世世代代被人们敬仰和传颂。人们之所以崇尚忠诚，以忠诚为荣，就是因为忠诚与神圣为伍，忠诚与高尚做伴，是做人之基、处世之本。

几千年来，中华民族一直在诠释着“忠诚”这一特质，并不断丰富其内涵，岳母刺字——精忠报国，其核心讲的是一个“忠”字，范仲淹的《岳阳楼记》中“居庙堂之高，则忧其民，处江湖之远，则忧其君”讲的仍是一个“忠”字。自古以来，中华民族有多少仁人志士在“忠诚”两个字上抒写了数不胜数的可歌可泣的宏伟诗篇。

（一）忠诚就是舍身求法、敢为天下先的大无畏精神

中国历史上从来就不缺具有敢为天下先大无畏精神的仁人志士。

先秦时期，最能体现这种精神的无过于商鞅。商鞅为了推行富国强兵的新法，不仅直面血淋淋的奴隶贵族制度，而且完全无惧虎视眈眈的新老贵族皇亲国戚对他发起的围攻，毅然掀起一场自上而下的改革变法

运动，取得了巨大成功，正如古文经学大家刘歆所褒赞："夫商君极身无二虑，尽公不顾私，使民内急耕织之业以富国，外重战伐之赏以劝戎士。法令必行，内不私贵宠，外不偏疏远。是以令行而禁止，法出而奸息。"商鞅变法使秦国迅速崛起强大，由一偏居一隅的小国成为战国诸雄畏惧的大国，但是，他最终被复辟的旧贵族车裂而死。商鞅自始至终都是抱着殉道者的态度进行改革的，据《战国策》记载，秦孝公临死之前，要把王位传给商鞅，商鞅拒绝了，他说："鞅之所求，为国立法，为民立制，岂能为自己谋安身立命?"商鞅认为，如果他继承了王位，秦人会认为商鞅不是为了变法图强来到秦国，这样秦法的严肃性就会受到损害，他宁愿牺牲自己的性命来换取新法的实施。

西汉汉景帝时的大臣晁错也是这样。晁错作为朝廷重臣，时刻关心国计民生、政权安危，他看到地方藩王势力日渐强大，危及中央集权，即上书向景帝陈述诸侯的罪过，请求削减封地，收回旁郡，提议削藩。在上疏《削藩策》中，他尖锐指出：对这些抗衡中央为非作歹的藩王"今削之亦反，不削亦反。削之，其反亟，祸小；不削，反迟，祸大"。但是，一些朝廷老臣如窦婴等坚决反对，从此和晁错结下了怨仇。晁错的父亲得知这个消息，从颍川赶来京师，对晁错说："皇帝刚刚即位，你辅佐君主执掌朝政，削弱诸侯王的封地，疏远皇室的骨肉之亲，人们的议论都怨恨你，你为什么这样做呢?"晁错说："只能这样做。如果不这样做，天子无法尊贵，国家不得安宁。"他父亲说："这样做，刘氏的天下安宁了，但我晁氏家族却危险了，我离开你去了!"回家就服毒自杀了，临死前说："我不忍心见到大祸临头!"其实，晁错何尝不知道这样做要搭上身家性命的危险，但为了国家的安宁，仍然义无反顾去做，毫不退缩。不久，汉景帝颁布了削藩令，吴王刘濞立即谋杀了吴国境内汉所置二千石以下官吏，联合串通好的楚王刘戊、赵王刘遂、济南王刘辟光、淄川王刘贤、胶西王刘昂、胶东王刘雄渠等六王公开反叛，聚众30余万人，又派人与匈奴、东越、闽越贵族勾结，以"请诛晁错，以清君侧"的名义，举兵西向，从而开始了西汉历史上的吴楚七国之乱。平叛开局不利，汉景帝惊慌失措，就听信奸臣谗言归罪晁错，当晁错穿着朝衣进宫上朝，被骗到东市砍首，而且全家老少处斩。

七国叛乱平息了，汉王朝消除了最大的隐患，国家又恢复了安宁，但晁错及其全家却成了牺牲品。他这种公而忘家、临危不惧的大无畏精神得到后世的赞扬，司马迁云："敢犯颜色以达主义，不顾其身，为国家树长划。"班固也说："为国远虑，而不见身害。错虽不终，世哀其忠。"易中天评价他说："晁错他是为国深谋远虑，但是为自己一点儿都不深谋远虑，所以《汉书》对他的评价是：'锐于为国远虑，而不见身害。'就是说自己要倒霉了，他都不知道。"其实，晁错作为一个伟大的政治家，他何尝不知道削藩的危险，这是拿当时汉代最大的、盘踞几十年之久的最大利益集团开刀，几任皇帝都为之胆寒而缩手，其风险之大不可言表，而且连他远距僻乡的老父亲都看出了生死存亡，他在朝内岂能不知！但是，为了国家的长治久安，他已经没有退路了。所以，明人李贽说："孰知错伤文帝之无辅，而其父反以伤晁错之无父乎！是故国尔忘家，错唯知日夜伤刘氏之不尊也。公尔忘私，而其父又唯知日夜伤晁氏之不安矣。千载之下，真令人悲伤而不可已，乃班固反讥其父不能学赵母，谬哉！"①

一个国家的发展总要一些"善于谋国而不善于谋身"的人为之奋斗的，如果都是那么明哲保身，这个国家就不可能有改革和发展。

唐代高僧玄奘为了取得总赅三乘学说的《瑜伽师地论》全本，竟靠一己之力潜出长安，西行路上，备经艰难险阻，走过八百里大沙漠的行程，"上无飞鸟，下无走兽，四顾茫茫，人马俱绝"。有时忍饥挨饿，有时盗贼威胁，但他志向坚定，誓言："不求得大法，誓不东归一步。"而之前东北和尚昙无竭一行 25 人翻越雪山大漠、绝壁深渊，最终到达如今的阿富汗、巴基斯坦和印度等多个佛寺修行，但其中 12 人坠崖而亡，8 人中途饿死，最终只剩下昙无竭等 5 人返回中国。玄奘以无我无人无众生无寿者相，不畏生死的精神，西行取佛经，体现了大乘菩萨"难行能行，难忍能忍"的行愿。正如后来海路第一人印度取经的义净法师《求法诗》写的："晋宋齐梁唐代间，高僧求法离长安。去人成百归无十，后者焉知前者难！路远碧天唯冷结，沙河遮日力疲殚。后贤若不谙斯旨，往往将经容易看。"毛泽东多次赞扬玄奘，在 1945 年党的七大会议上说："中国历史上也有翻译。比如唐僧取经，经过九九八十一难才

① 《焚书·晁错》。

回来。唐僧就是一个大翻译家，取经回来后设翻译馆，就翻译佛经。唐僧不是第一个留学生也是第二个留学生。”可以说，当时西天取经是最危险的探险，从魏晋到唐宋，一代代高僧不畏艰难危险前去印度取经和学习，而大多数不是死在途中，就是死在印度，能够活着回来的寥若晨星。但是，仍然不能阻止他们求得真法的信仰。

（二）忠诚就是为民请命、以国为家的担当精神

为民请命就是一切要顺应民心，就是要像楚国令尹子文那样体恤民情。《国语》记载，作为丞相的子文曾经三次辞去令尹的职务，家里却没有一天的储粮，楚成王听说子文吃了早饭就没有晚饭吃，因此每逢朝见时就预备一束干肉、一筐干粮，用来赏赐子文，后来因此成为国君对待令尹的常例。但楚成王每次增加子文的俸禄时，子文一定辞官逃避，等到成王不再这样做时，他才回来任职。有人对此不理解，问道：“别人一生都在追求富贵，您却总是要逃避，这是为什么呢?”子文说：“从政者是要保护百姓的。百姓还很贫困，我却图取富贵，这是使百姓劳苦让自己富足，这样的话，就离死不远了。我是在逃避死亡，不是在逃避富贵。”

春秋郑国的子产是个改革家，终其一生为百姓谋福利，但他去世时竟然无钱下葬，据元人撰《贾氏说林》载：“子产死，家无余财，子不能葬，国人哀亡。丈夫舍玦佩，妇人舍珠玉以赙之，金银珍宝不可胜计。其子不受，自负土葬于邢山”；“丁壮号哭，老人儿啼，日‘子产去我死乎！民将安归?’”千里之外，即便是曾经对子产改革有过怀疑的孔子也深深为子产的伟大人格所感动，《论语·公冶长》中记载了孔子对子产的高度赞誉：“子谓子产：有君子之道四焉，其行己也恭，其事上也敬，其养民也惠，其使民也义”，认为子产的身上体现着一种难得的古圣贤之遗风，表现出来的是对百姓的忠。

忠诚就是为国家利益而忍辱负重不辱使命。张骞两次出使西域，被司马迁称为“凿空西域”的人。“坚忍磊落奇男子，世界史开幕第一人”，这是梁启超先生对张骞传奇人生的高度概括。他出使西域最早的目的就在于军事，联合大月氏国抗击匈奴。张骞的出使，是一次极为艰苦的出行，大戈壁滩上，飞沙走石，热浪滚滚；葱岭高原壁垒，冰雪皑

皑，寒风刺骨，沿途人烟稀少，水源奇缺。而且在经过匈奴时两次被俘，两次逃出。张骞在出逃过程中，由于物资匮乏，方向迷失，语言不通，风餐露宿，备尝艰辛。干粮吃尽了，就靠善射的堂邑父射杀禽兽聊以充饥。不少随从或因饥渴倒毙途中，或葬身黄沙、冰窟，献出了生命。张骞第一次出使西域被匈奴扣押了整整 10 年，匈奴单于为软化、拉拢张骞，打消其出使月氏的念头，进行了种种威逼利诱，还给张骞娶了匈奴的女子为妻，生了孩子。但均未达到目的。他“不辱君命”“持汉节不失”，始终没有忘记汉武帝所交给自己的神圣使命，没有动摇为汉朝通使月氏的意志和决心，他一直在等待逃脱的机会。至元光六年（前 129 年），敌人的监视渐渐有所松弛，他趁匈奴人的不备，果断地离开妻儿，带领其随从，逃出了匈奴王庭，回到了长安。他出发时带有一百多人，等他回到长安时，只剩下他和向导堂邑父两个人。

而与张骞同时代的苏武（字子卿），在武帝时以中郎将身份持节出使匈奴。苏武宁肯面对死亡，也不愿丧失气节、玷辱使命，他拔刀自刎却被人救了过来。等他伤势渐好，单于又派卫律来劝降，遭到苏武严词拒绝。为了让苏武屈服，匈奴把他囚禁在地窖里，不与饮食。当时正值严冬，天降大雪，苏武躺在窖中靠吃雪和毡毛维持生命。后来匈奴又把苏武转移到荒无人烟的北海（今苏联贝加尔湖）一带，让他放牧公羊，并说只有公羊产羔才能返回。苏武到了北海，匈奴不给口粮，只得掘野鼠、挖草根充饥，每日放牧时手持汉节不离手，随着岁月流逝，节上的穗子全都掉了。汉昭帝始元六年的春天，苏武才回到汉都长安。苏武在匈奴共十九年，出使时年富力强，归来时已是须发皓白了。

范仲淹一生为官多次被贬，但为民谋福之志不懈，在朝廷，他嫉恶如仇，犯颜直谏，“宁鸣而死，不默而生”。而他在被贬之地，不怨不尤，兴修水利，培养人才，保土安民，政绩斐然，真正做到了为官一任，造福一方。而在生活上，他治家严谨，十分俭朴，平时居家不吃两样荤菜，妻子儿女的衣食只求温饱，一直到晚年，一家人贫病交困，只能借官屋暂栖。他在其名篇《岳阳楼记》写道：“不以物喜，不以己悲。居庙堂之高，则忧其民。处江湖之远，则忧其君。是进亦忧，退亦忧。然则何时而乐也？其必曰：先天下之忧而忧，后天下之乐而乐乎。”做一个有益于天下的人，随时准备着为国家、为他人服务，“不以物喜，不以己悲”，不仅是范仲淹做官，而且也是他一生做人的基本原则。特别强调的是，范仲淹的“事君”就是服务于国家，就是广大人民，而绝不是盲目的对个人的愚忠。当他看到家族里的一些人家穷困潦倒时，就用自己的俸禄，在家乡买“义田”千亩，救济贫穷的族人，而自己却贫苦一生，以至于死时“身无以为殓，子无以为丧”。为民请命，忧民之忧，这就是范仲淹“先天下之忧而忧，后天下之乐而乐”精神的具体体现。

忠诚就是要有担当，为民的事宁愿豁上一身剐。宋神宗时窦卞出任深州知州，黄河在滹沱河处决口，水漫郡城，并发生了地震。流民从恩州、冀州逃来，接踵而至，窦卞果断发放常平仓的粮食，赈济灾民。常平仓是国家备荒以急民需的粮仓，不能随便乱动的，开仓放粮必须向朝廷请示才行。管理库房的官吏告诉窦卞，擅自分发粮食是要犯罪的。窦卞说：“要想请示完再分发，老百姓早就饿死了。我愿以自己的性命为代价救活数万灾民。”

岳飞一生廉洁，淡泊名利、不贪功名。《宋史·岳飞传》记载：皇帝要为岳飞营造府第，岳飞却推辞说：“敌未灭，何以家为?”皇帝又问他，天下何时太平，岳飞回答说：“文臣不爱钱，武臣不惜死，天下太平矣。”南宋诸将中，唯有岳飞坚持一妻，且从不去青楼寻欢。岳飞不仅乐善好施，而且还经常化私为公，用自己的私家财产去补助军用。史载：“（岳飞）乐施踈财，不殖资产，不计生事有无。所得锡赉，率以激犒将士，兵食不给，则资粮于私廪。”“冻杀不拆屋，饿杀不打掳”，是岳家军的口号，也是真实的写照。损坏庄稼，妨碍农作，买卖不公……斩！所以岳家军所到之处，民众无不欢欣围观，“举手加额，感慕至泣”。南宋史官吕午《和岳王庙壁上韵》诗云：“当年谁说岳家军，纪律森严孰与邻。师过家家皆按堵，功成处处可镌珉。威名千古更无敌，词论数行俱绝尘。拟取中原报明主，亦劳余刃到黄巾。”800多年来，岳飞的为国担当的精神一直在感染和鼓舞着后来人。可以说，在国人的心目中，岳飞已成了一面爱国奉献的旗帜，廉洁奉公的楷模，蔑视权贵、伸张正义的正人，以身殉志、宁死不屈的英雄。孙中山先生评价岳飞说：“岳飞魂，是中华民族的精神代表，也就是民族魂。”

（三）忠诚就是坚忍不拔、自强不息的主体精神

“天行健，君子以自强不息”是中华民族的精神心态。这种精神表现在：上古的“夸父逐日”“大禹治水”“愚公移山”“精卫填海”等知其不可而为之的大无畏精神；“为天地立心，为生民立命，为往圣继绝学，为万世开太平”的入世开拓精神；屈原“虽九死其犹未悔”、李白“长风破浪会有时”、陶渊明“猛志固长在”、柳宗元“万变不更乎其内”的对自己所追求理想的执着；“先天下之忧而忧，后天下之乐而乐”的高度社会责任感；“贫贱不能移、富贵不能淫、威武不能屈”的大丈夫气概；“孔颜乐处”的乐观主义；等等。从曾参的“仁以为己任”到范仲淹的“以天下为己任”，都显示出中华儿女、仁人志士对民族与国家的深刻责任感。谈到关心世事，更有明末东林党顾宪成的一副对联为证：“风声，雨声，读书声，声声入耳”“家事，国事，天下事，事事关心”。这种坚韧不拔、自强不息为国分忧为国献身的牺牲精神，绵延不绝，至今不衰。正如邓拓在一首名为“歌唱太湖”的诗中所道：“东林讲学继龟山，事事关心天地间。莫谓书生空议论，头颅掷处血斑斑。”

孔子强调“三军可夺帅也，匹夫不可夺志也”，又特别指出：“志士仁人，无求生以害仁，有杀生以成仁。”而他本人也是身体力行，为了追求自己认定的目标，“学而不厌，诲人不倦”“发愤忘食，乐以忘忧，不知老之将至”，成为坚韧刚毅、奋斗不止的精神写照。为了实现自己的仁政德治，在交通十分不便利的条件下，孔子带着数十个随从弟子，走走停停，花了14年功夫，访问了六国国君，虽然经历艰险，到处碰壁，仍不灰心。姑且不论其主张是否切合实际，但他这种奋斗不懈的精神，至今仍令人敬慕不已。他正直、乐观向上、积极进取，一生都在追求真、善、美，一生都在追求理想的社会。孔子63岁时，曾这样形容自己：“发愤忘食，乐以忘忧，不知老之将至。”他无论是在鲁国还是在诸侯国，可以说是处处碰壁，甚至多次遇到危难，但是，他不改初衷，依旧想为自己“理想”的实现而奋斗，依旧是朝气蓬勃地自我鞭策道：“德之不修，学之不讲，闻义不能徙，不善不能改，是吾忧也。”无论在什么情况下，孔子都保持君子的大无畏精神，给弟子们树立一个真正君子的模范。

作为“唐宋八大家”的柳宗元，入仕子初即抱定“古之大有为者”志向，积极参加“永贞革新”，与朝廷黑暗势力斗争。改革失败后被贬斥，先是被贬斥到永州，后又贬斥到柳州，先后 14 年。在永州 10 年，他丢掉被朝廷召唤“复起为人”的幻想，铁下心来，准备“终甘为永州民”。在柳州任刺史 4 年，重修文庙，传播儒学，教化民众，改革弊政，解放奴婢，种柑植柳，开荒挖井，发展生产。在漫长的贬谪中，柳宗元的亲人几乎都亡尽了，独自剩他一人留在蛮荒，病魔缠身，眼望来日不多，功业无望，精神和身体的折磨是常人难以想象的。但是，他思考得最多的问题，不是个人的遭遇，而是百姓疾苦、现实民生。他对黎元民众始终怀抱着朴素而真挚的同情之心，始终也不改变信仰的初衷。他在《答周君巢饵药久寿书》说：“苟守先圣之道，由大中以出，虽万受摈弃，不更乎其内。”《上襄阳李愬仆射献〈唐雅〉诗启》说：“宗元身虽陷败，而其论著，往往不为世屈。意者殆不自薄自匿，以坠斯时。苟有辅万分之一，虽死不憾。”

明末清初的伟大学者和抗清志士黄宗羲，誓死不当满清的顺民，在明亡后的 20 年时间，他始终抱着必胜的信心，与清军和满清政府拼死战斗，正如他在顺治十六年（1659 年）所作的《山居杂咏》诗中写的：“锋镝牢囚取次过，依然不废我弦歌。死犹未肯输心去，贫也岂能奈我何？”在另一首《王老峰顶万松坪同阁古古夜话限韵》诗中也写道：“身滨十死不言危，天山名山尚好奇。”抗清复明斗争此起彼伏，黄宗羲无论躲避清政府的追捕，或伏处海隅，或避居山野，可以说“无年不避，避不一地”①，四处颠沛流离，过着极为艰难困苦的生活。顺治末年康熙初年，当各地的抗清斗争相继宣告失败，黄宗羲便将下半生心血倾注在学术事业上，寄希望通过自己的思想传下去影响有志之士，通过文化的传承，恢复汉家故土。黄宗羲学问极博，思想深邃，著作宏富，留给后人的大量著作是他毕生心血的结晶。据初步统计，黄宗羲一生的著作共有 60 余种，1300 多卷。在《明夷待访录》中，黄宗羲总结历史经验教训，发现了导致明王朝灭亡、导致民族灾难的罪魁祸首是君主制，在《原君》中说：“凡天下之无地而得安宁者，为君也。是以其未得之也，

① 《南雷文定・避地赋》。

屠毒天下之肝脑，离散天下之子女，以博我一人之产业，曾不惨然，曰：我固为子孙创业也。其既得之也，敲剥天下之骨髓，离散天下之子女，以奉我一人之淫乐，视为当然，曰：此我产业之花息也。然则为天下之大害者，君而已矣，向使无君，人各得自私也，人各得自利也，呜呼！岂设君之道固如是乎！”黄宗羲痛定思痛后这一惊人的发现和大无畏的表述，可谓石破天惊、独步千古，这是何等的勇气和突破。

（四）忠诚就是“捐躯赴国难，视死忽如归”的爱国主义精神

“临危不忘国，忠也。”忠君爱国，忠君是因为君主代表着国家，是国家的象征。在中华民族几千年历史长河中，在每一次天崩地裂、凤凰涅槃之时，从“路漫漫其修远兮，吾将上下而求索”自沉汨罗江的屈原到“人生自古谁无死，留取丹心照汗青”的文天祥，从明末清初顾炎武的“天下兴亡，匹夫有责”到清末秋瑾的“拚将十万头颅血，须把乾坤力挽回”，在国家危难、民族陆沉之际，这些忠诚于国家的仁人志士毫无例外作出唯一的选择：为国尽忠，为大家牺牲小家。而文天祥就是这样一个人，他以他的死诠释了什么是忠诚。

文天祥自幼即有为国立功之志，他在孩提时看见学宫中所祭祀的乡先生欧阳修、杨邦乂、胡铨的画像，谥号都为“忠”，即为此高兴，羡慕不已，说：“如果不成为其中的一员，就不是真正的男子汉。”当元军铁骑攻破南宋首都临安时，文天祥当时正在赣州，他接到朝廷命他“疾速起发勤王义士，前赴行在（行在，指皇帝离京寄居之处）的”勤王诏，立即发布榜文，捐出全部家财作军费，筹集粮饷，以最快的速度组建起一支3万人的爱国义军。当时友人对文天祥说：“元军三路进兵，你以乌合之众迎敌，无异驱群羊斗猛虎。”他回答：“我也知道如此。但国家养育臣民三百多年，一旦有急，征天下兵，竟无一人一骑应召，我万分悲痛。所以不自量力，以身赴难，希望天下忠义之士闻风而起，聚集众人力量，也许能保存社稷。”兵败被俘，文天祥被押至潮阳，元军前锋张弘范将他关在小舟中，要他写信招降张世杰。他说：“我不能保卫父母，还教别人叛离父母，可以吗？”因多次强迫索要书信，于是他提笔写了《过零丁洋》一诗给他们。这首诗的尾句说：“人生自古谁无

死，留取丹心照汗青。”厓山战败后，元军中置酒宴犒军，张弘范说：“国家已亡，文丞相可谓尽忠尽孝！如能以事宋之心改事大元，仍旧可作丞相。”一直枯坐不食的文天祥闻言，泫然流泪说：“国亡而不能救，我为宋臣，死有余罪，又怎敢逃死而怀贰心事人。”张弘范又说：“文丞相，国家已经灭亡，您杀身成仁，赤胆忠心，又有谁为您记载此事呢?”文天祥回答道：“为人臣子，尽心尽力而后已，后人书与不书，记载或遗忘，又有何关!”

被押送到大都后，文天祥受到贵宾接待，馆舍侍员殷勤、陈设奢豪。但极度疲惫的他却视若无睹，一夜没睡，坐待天亮。于是移送兵马司，令士卒监守他。文天祥从至元十六年（1279 年）十月抵达大都（一共花了五个月的时间）到至元十九年十二月初九（1283 年 1 月 9 日）被杀，一共被囚禁了三年两个月。在这段期间，他曾历经绝食自杀失败后，便端然自处，等待着被忽必烈处刑之日的来临。但是元朝统治者千方百计地对他劝降、逼降、诱降，参与劝降的人物之多、威逼利诱的手段之毒、许诺的条件之优厚、等待的时间之长久，都超过了其他的宋臣。元廷采取了种种方法劝文天祥投降都不奏效，就让他的两个小妾、两个女儿来看望他。当时，文天祥的小妾和两个女儿在宫中被迫为奴，她们“哀哭劝公叛”。文天祥痛断肝肠，但仍然说：“汝非我妻妾子女也，果曰真我妻妾子女，宁肯叛我而从贼耶?”文天祥在给大妹妹文懿孙的信中道：“收柳女信，痛割肠胃。人谁无妻儿骨肉之情? 但今日事已至此，于义当死，乃是命也。奈何? 奈何! ……可令柳女、环女做好人，爹爹管不得。泪下哽咽。”又写诗道：“痴儿莫问今生计，还种来生未了因。”国既破，家亦不能全，因为骨肉团聚就意味着变节投降。亲情未能使文天祥屈服，元朝统治者又变换手法，戴上木枷，酷刑折磨，被带出会同馆，押到兵马司衙门，关入土牢。囚室“污下而幽暗”，每日“水气、土气、日气、火气、人气、秽气”，“仓腐寄顿，阵阵逼人”。但文天祥正气凛然，“以一气敌七气”，在狱中写下了著名的诗篇《正气歌》，酣畅淋漓地表现了他忠肝义胆、铮铮铁骨。

对文天祥，忽必烈“既壮其节，又爱其才”，希望能够说服文天祥叛宋降元。腊月八日，忽必烈亲自召文天祥上殿，说：“你若能像对宋朝一样对我，就立即以你为中书宰相。”文天祥说：“我文天祥为大宋状元宰相，宋亡，我惟可死，不可生。”忽必烈又说：“汝不为宰相，则为枢密。”文天祥昂然答曰：“一死之外，无可为者。”忽必烈无可奈何，只得命人把他带回兵马司监狱处死。到了刑场，文天祥问旁边的老百姓哪边是南方，遂即向南拜了两拜，从容就义，终年41岁。就义的第二天，其妻欧阳氏来收领遗体，在衣带间发现这样一篇附有序言的赞：“吾位居将相，不能救社稷，正天下，军败国辱，为囚虏，其当死久矣！顷被执以来，欲引决而无间。今天与之机，谨向南百拜以死。其赞曰：孔曰成仁，孟曰取义，惟其义尽，所以仁至，读圣贤书，所学何事？而今而后，庶几无愧！”

早在80多年前，当中华民族处于神州陆沉、风雨如晦的最黑暗时代，鲁迅先生沉痛地写道：“我们从古以来，就有埋头苦干的人，有拼命硬干的人，有为民请命的人，有舍生求法的人，……虽是等于为帝王将相作家谱的所谓‘正史’，也往往掩不住他们的光耀，这就是中国的脊梁。”① 中华民族作为世界上四大文明古国的仅存者，拥有5000年悠久的历史文明，当其他同期的文明古国灰飞烟灭之时，我中华民族依然傲立于世界民族之林，特别是近代以来，一次次经受历史浩劫而重生，危而不亡，绝处逢生。为什么我们的民族有如此顽强的生命力和再造之神功？无他，民族精神而已。而这种精神的精髓就是对民族与国家的忠诚。几千年来，忠诚已经渗透到每一个炎黄子孙的血液里，对士大夫来说，忠诚就是忠于真理；对官员来说，忠诚就是忠于君主和国家；对老百姓来说，忠诚就是忠于做人做事的原则。在和平时期，忠诚就是创造、为民、做事，而在天崩地裂时期，在民族大义面前，忠诚就是一息尚存绝不言弃，就是选择宁死不苟生。

① 《中国人失去自信力了吗?》。

第二章

创造人间奇迹的“红色密码”

——从党的历史看 “忠诚”

本章提要

近百年来，中国共产党之所以取得一个又一个胜利、做出伟大历史贡献，离不开千千万万党员和革命群众的忠诚品质。广大党员和人民群众在党的领导下，凭着对党和民族事业的无限忠诚，不怕牺牲、前仆后继，取得了革命、建设和改革的巨大成就。此外，人民军队的历史就是一部忠诚于党的历史，无论形势如何发展，无论战争形态如何变化，对于人民军队来说，对党绝对忠诚永远是最高政治要求。

中国共产党自 1921 年成立以来，已经走过近百年的风风雨雨。在近百年的历史进程中，我们党紧紧依靠人民，完成新民主主义革命，建立了中华人民共和国，确立社会主义基本制度，推进了社会主义建设，进行改革开放新的伟大革命，实现了中国人民从站起来到富起来、强起来的伟大飞跃，创造了举世瞩目的成就。我们之所以取得一个又一个胜利、作出伟大历史贡献，离不开千千万万党员和革命群众的忠诚品质。在此，让我们走进党的历史，探索创造人间奇迹的“红色密码”。

第一节　在革命洪流中彰显忠诚

我国的新民主主义革命是在极其艰难的条件下进行的：革命任务异常繁重，要推翻帝国主义、封建主义、官僚资本主义“三座大山”的压迫；敌人力量异常强大，国民党政权控制着中心城市和交通要道，有一支强大的反动军队；革命力量暂时还十分弱小，工人阶级作为革命的领导阶级人数很少，农民占全国人口的绝大多数。这就决定了我们党领导的革命斗争将是极其艰难和残酷的。广大党员和人民群众凭着对党和民族事业的无限忠诚，在漫长的革命岁月中，不怕牺牲、前仆后继，终于取得革命的胜利。

（一）“忠实”者才能加入党组织

1921 年 7 月一个炎热的晚上，上海法租界的一座石库门房子里，会聚着来自全国各地的十多名知识分子。他们有的着长衫，有的穿中山装，最引人注目的还有两位西装革履的外国人。一群人围坐在一张长方形的大餐桌旁，认真而热烈地讨论着。20 世纪中国开天辟地的历史性事件——中国共产党第一次全国代表大会，就这样拉开了序幕。28年后，他们中有两人登上北京的天安门城楼，其中一位用洪亮的声音向全世界庄严宣布："中华人民共和国中央人民政府今天成立了。"① 他就是毛泽东。另一位是董必武。

中国共产党的成立使革命的航船有了舵手，给灾难深重的中国人民带来了光明和希望。正如毛泽东后来所说："自从有了中国共产党，中国革命的面目就焕然一新了。"②

党的一大虽然是在准备不很充分的情况下召开的，但还是通过了中国共产党纲领，其中包含具有党章性质的条文规定："凡承认本党党纲和政策，并愿成为忠实的党员者，经党员一人介绍，不分性别，不分国籍，都可以接收为党员，成为我们的同志。"这里实际上是明确了入党的三个条件，其中把"忠实的"作为对党员者的特别要求。换句话说，"不忠实"的人是不能入党的。这也说明，自党诞生以来，忠诚就深深溶入党的血液里。

党的二大是经过充分的准备后召开的，通过了中国共产党章程、大会宣言以及包括组织章程在内的九个决议案。党的二大通过了中国共产党的第一个章程，再次重申党员的条件是："凡承认本党宣言及章程并愿忠实为本党服务者。"在关于组织章程决议中，对于每一个组织和党员，虽然没有直接使用忠诚或忠实的字眼，但其精神内核处处体现了对于忠诚的要求，比如"个个党员不应只是在言论上表示是共产主义者，重在行动上表现出来是共产主义者""个个党员须牺牲个人的感情意见及利益关系以拥护党的一致"等，要求党员不仅要在思想上入党、爱党，更要在行动上、日常工作和生活中拥护党的纲领，严守党的纪律，为党的事业奋斗。此后，大批革命先进分子纷纷加入党组织，到1927年4月党的五大召开时，党员发展到约5.8万人。他们当中不少优秀的代表自从加入党组织后，一生忠诚于党，再也没有动摇过。

毛泽东是我们党、军队的主要创建者，同时他也是对党忠诚的突出代表。土地革命初期，由于"左"的错误领导，毛泽东受到多次不公正

① 毛泽东在开国大典上讲话录音，1949年10月1日。
② 《毛泽东选集》第4卷，人民出版社1991年版，第1357页。

的待遇，用他自己的话说，"给我的各种处分、打击，包括'开除党籍'、开除政治局候补委员，赶出红军等，有多少次呢？记得起来的有二十次"①。比如收秋起义时毛泽东没有按中央批示攻打长沙，而是把部队带到井冈山去，为此受到了开除政治局候补委员的处分。消息传到井冈山，变成了开除党籍。井冈山的同志不服气，要为毛泽东打抱不平，向中央打报告，毛泽东劝他们不要写，"撤职就撤职，没有什么大不了的"，只好挎了两个多月的枪当师长。担任红四军前委书记时受到"严重警告"处分，紧接着三个月后又受到"警告"处分并落选前委书记……毛泽东每一次挨处分，没有一次是一"处"就跳，没有一次抗诉不服、写信告状，更没有闹情绪、撂挑子不干。每次都是挨个处分，接受处分，之后经过长期的行动用事实来证明他所受的处分是错误的。毛泽东如果没有坚定的理想信念，没有对党的高度忠诚，是做不到这一点的，也成就不了其伟大辉煌的一生。正如毛泽东后来所说：我接受马克思主义后，我对马克思主义的信仰就没有动摇过。

（二）经受牺牲的考验

大革命时期，国共第一次合作是在孙中山提出的新三民主义基础上建立的。孙中山逝世后，以蒋介石为首的国民党新右派逐渐篡夺了革命领导权，一步步抛弃新三民主义，其背叛革命的面目日渐显露。1927年，国民党反动派发动了震惊中外的"四一二"反革命政变，全国陷入一片白色恐怖。在一年多的时间内，被杀害的共产党员和革命群众达31万多人，其中共产党员2.6万，约占当时党员数量的45%。共产党人横尸遍野、血流成河，一批党的领袖被追杀。党的两位主要创始人中李大钊被杀，陈独秀的两个儿子陈延年、陈乔年也被杀。另外萧楚女、熊雄、赵世炎、夏明翰等党的著名活动家被杀。因此，周恩来说，敌人可以在三五分钟内消灭我们的领袖，我们却无法在三五年内将他们造就出来。

当时，中国共产党被宣布为"非法"，加入共产党成为最大的"犯罪"。在极其险恶的局势下，党内一些不坚定分子动摇悲观，登报声明

① 《毛泽东文集》第7卷，人民出版社1999年版，第105页。

脱离共产党。有的人甚至公开向敌人忏悔，出卖党的组织和同志，成为可耻的叛徒。李大钊被他的学生出卖，时任江苏省委书记的赵世炎被省委秘书长带领警察上门抓捕，接任的省委书记陈延年被交通员带着巡捕抓走。党员数量急剧减少，从大革命高潮时期的近 6 万人减至仅 1 万多人，党员的忠诚受到了严峻的挑战。

面对国民党反动派的屠杀，中国共产党毅然发动南昌起义，打响武装反抗国民党反动派的“第一枪”，诞生了共产党独立领导的第一支人民军队。当时，参加起义的两支主要部队之一的第二十军军长贺龙还不是共产党员。前委书记周恩来亲自前往军部会见贺龙，把中央和前委的决定及行动计划告诉他，并征求他的意见。贺龙当即表示：“我完全听从党的指挥，党说怎么办，我就怎么办。”周恩来代表前敌委员会任命贺龙为起义军代总指挥。部队在撤出南昌南下途中，前委决定同意贺龙入党，由周逸群、谭平山做介绍人，在瑞金举行了入党宣誓仪式。在革命的危急时刻加入共产党队伍的还有年逾半百的教育家徐特立、文学家郭沫若、在国民革命军担任过领导职务的彭德怀等，他们对党的赤诚忠心更加难能可贵。

我们党在经历大量牺牲、甚至少部分不坚定分子叛变投降的考验后，人数暂时少了，但队伍变得更加精干、更加纯洁，信仰更加坚定、对党更加忠诚。留下来的同志从地下爬起来，揩干净身上的血迹，掩埋好战友的尸首，又继续投入战斗了。革命事业在曲折中发展，1934 年，党员达到了 30 万人，红军也发展到 30 万人。

由于王明“左”倾错误的领导，中央根据地第五次反“围剿”失败，红军被迫进行长征。红军官兵凭着顽强的毅力和对党的无限忠诚，爬雪山、过草地，经过二万五千里长途跋涉终于胜利到达陕北。党和军队又经历了一次严峻的考验。长征保存下来的骨干，历经千锤百炼，是党和红军极为宝贵的精华。

与广大忠诚于党的红军官兵形成鲜明对照的是王明的两面派行为。王明早年留学苏联，在共产国际的支持下，年仅 27 岁的王明于六届四中全会一跃成为中央政治局委员，并实际掌握了中央的领导权，犯下教条主义严重错误，对中国革命造成极大损失。延安整风中，党中央对王明的错误进行批判，王明一方面表示愿意做一个毛主席的小学生，纠正自己的教条宗派主义错误，另一方面长期称病不参加组织会议，背地里密谋搞串联活动，是对党的极不忠诚分子。毛泽东曾评价王明是“另有个别的人死不承认错误”。

（三）没有硝烟的战争

中国共产党从创建到发展壮大，始终有一条非常隐秘的战线存在，并发挥着不同寻常的作用。在相当长的历史时期内，这条战线的斗争并不为大众所知，因此叫隐蔽战线。隐蔽战线的斗争，虽然不像战场上那样流血冲杀，但是各种明争暗斗险象环生，且面临多种诱惑和考验，对人的忠诚有着特殊的要求。

原因之一是隐蔽战线的斗争要处理许多突发情况，容不得有半点私心杂念。钱壮飞是中共地下党员，潜伏在国民党南京党务调查科，担任科长徐恩曾的机要秘书。1931 年 4 月 25 日，正在值班的钱壮飞收到武汉发来的特急加密电报：“黎明被捕并表示归顺党国，如能迅速解至南京，三天之内可将中共中央机关全部肃清。”黎明的真名叫顾顺章，是当时中共中央特科（中共的特务和情报机关）的主要负责人，掌握着中央地下组织和人员的所有信息，堪称“中共历史上最危险的叛徒”，党面临被“一锅端”的巨大威胁。千钧一发之际，钱壮飞不顾个人安危，通过李克农将情报报告周恩来，随即通知所有中央机关和人员立刻转移，以至于当国民党军警和特务找到这些地方时，不少屋子里连发报机的天线都还没来得及拆除，焚烧文件的火盆还在冒着青烟。钱壮飞为保卫中央机关的安全做出了重大贡献。可以说，没有钱壮飞的话，中共的历史将就此改写。周恩来评价：如果没有钱壮飞同志，我们这些在上海工作的同志早就不在人世了。事发之后，钱壮飞立即转移，连自己的两个子女都没法一起带出来。

原因之二是隐蔽战线的斗争要做好伪装工作，不能露出半点蛛丝马迹。国共合作抗日时期，正在清华大学经济系就读的熊向晖，作为一枚闲棋被周恩来安插到国民党胡宗南部。凭着出色的才干，他成了胡宗南的亲信，担任其侍从副官、机要秘书，负责处理机密文电和日常事务。蒋介石下令胡宗南攻打延安后，熊向晖想方设法搞到了作战方案和兵力配置图，诸如调集上海和徐州飞机 94 架分批轰炸延安地区，进攻时以保安方向佯攻，右兵团依左兵团协力快速推进等绝密军事情报，在胡宗南的旅以上长官都还不知道的情况下，已经放在延安毛泽东窑洞里的办公桌上。正因为这样，毛泽东撤离延安的时候能够做到泰然自若，胡宗南的部队什么时间到达什么地点、怎样进攻他都一清二楚。因此，毛泽东称赞熊向晖，说他一人可以顶几个师。后来胡宗南在听说自己最贴身的亲信居然是共产党后，气得脸色发青。

原因之三是隐蔽战线的斗争要有很强的业务能力，才能更好地完成任务。沈安娜出身江南的书香门第，是一位相貌出众的大家闺秀。参加工作前，本来可以去拍电影当女明星，但她听从组织的安排去学了速记，以便将来有机会进入国民党机关谋一个职位，为党搜集情报。学成后，凭借着每分钟 200 字的超常记录速度和一手娟秀方正的好字，她顺利地进入了国民党浙江省政府，之后进入国民党中央党部秘书处，成为当时最重要的三位速记员之一。利用着自己的职务之便，她将大量重要信息与机密文件偷偷地送到共产党手中，我党据此开展应对与斗争。对此，蒋介石非常恼火。

第二节 在建设风浪中检验忠诚

新中国成立后，党领导全国人民进行社会主义改造，开始向社会主义过渡，之后社会主义建设全面展开，既取得了巨大的建设成就，也遇到了探索中的严重曲折。共产党人经历战争考验，成为全国范围的执政党，党员队伍不断发展壮大，党的忠诚建设不断加强，忠诚品质不断巩固，他们积极带头，无私奉献，为社会主义建设事业发挥了中坚作用。

（一）必须坚持“对党忠诚”的党员条件

革命胜利以后，党员状况出现很大变化。一方面，党员队伍迅速扩大，仅 1949 年全国就新增党员 140 万人，增速很快。另一方面，因为胜利，党内的骄傲情绪、以功臣自居的情绪、停顿起来不求进步的情绪、贪图享受不愿再过艰苦生活的情绪，已在一些方面表现出来。如有的党员向往“三十亩地一头牛，老婆孩子热炕头”的生活，革命意志衰退，而有的党员经不住糖衣炮弹的攻击，在灯红酒绿中迷失了方向。为此，从1950年开始，分别进行了为期半年的整风和为期三年的整党运动。这次整党，对于保持一支“数百万对工人阶级和人民群众无限忠心的优秀党员”队伍具有重要意义。1951年4月，刘少奇在党的第一次全国组织工作会议上的报告中指出：“必须是成分好，历史清楚，对党忠诚……才能接收为党员。”再一次把“对党忠诚”作为“今后必须坚持的党员条件”[①]。

1950年10月，党中央作出了“抗美援朝，保家卫国”的重大决策，决定派出中国人民志愿军入朝参战。为了支援抗美援朝战争，全国上下广泛开展了增产节约运动。其间暴露出各级党政机关内部存在着许多惊人的贪污、浪费现象和官僚主义问题。中央决定开展一个大规模的反对贪污、反对浪费、反对官僚主义的斗争。通过动员部署、学习文件、自我坦白、检举揭发，这场运动很快在全国形成高潮，即“打老虎”阶段。其中，最大的两只“老虎”是曾经担任过河北下属的中共天津地委书记、天津行署专员的刘青山、张子善。他们出身贫寒，早年都是我们党培养的优秀干部，都曾经被国民党被捕入狱并且坚贞不屈，但进城以后他们很快蜕化变质，声称“老子拼死拼命打江山，享受点算什么!”通过大肆贪污公款，过着极度腐化的生活，终被执行枪决，永远被写入历史的耻辱簿上。

从新民主主义怎样过渡到社会主义？毛泽东用“类似过桥”来比喻什么是过渡时期，并提出了以“一化三改”为主要内容的过渡时期的总路线。“一化”是逐步实现社会主义工业化，“三改”是对个体农业、手工业和资本主义工商业的社会主义改造。“一化”是主体，“三改”是两翼，两者是不可分离的整体。这条总路线就像一座灯塔照亮着前方的航程。党中央向全党和全国人民对总路线进行了广泛深入的宣传和教育，能不能贯彻落实党在过渡时期的总路线，成为检验对党、对国家事业忠诚的标准。“三改”中难度最大的是对资本主义工商业的改造。我们党创造了通过公私合营实现了对资本主义工商业的和平赎买，涌现出以荣毅仁为代表的“红色资本家”，成为忠诚于党的另一类特殊典型。

---

① 《刘少奇选集》下卷，人民出版社1981年版。

（二）为建设“四个现代化”无私奉献

社会主义制度确立以后，剥削阶级已经不存在了，党中央和毛泽东把能不能正确处理人民内部矛盾上升到了党的事业能不能向前推进的高度。为此，全党开展了以正确处理人民内部矛盾，反对主观主义、宗派主义和官僚主义的整风。这次整风最大的特点是邀请了大量党外人士参加，召开各民主党派负责人、无党派民主人士、工商界人士座谈会，请他们提批评意见，以帮助共产党改正缺点和错误。通过这种方式揭露了各方面的矛盾问题，受到了党中央的衷心欢迎和高度重视，以至于毛泽东看了后作出“不整风就会毁了”的批示。这次整风，有效克服了党内的不良倾向和作风，密切了党和人民群众的关系，党的作风建设进一步加强。

我们国家原子弹、导弹的研制是在内外交困的情况下发展起来的。在国内，正遇上三年自然灾害，物质极度匮乏；国际上，中苏关系破裂，苏联撤走了全部在华的专家。毛泽东毅然决定自己动手，从头摸起。大家也都大力支持：“中国人就是把裤子当了，也要把原子弹搞出来”“就是用柴火烧也要把它烧响了”。党和政府充分信任和大胆使用科研人员，使他们发挥了前所未有的积极性、主动性和创造性。在钱学森、邓稼先、钱三强等科学家的带领下，广大科研工作者在十分艰苦的环境下，凭着为祖国争光的勇气，克服重重困难，发挥聪明才智，攻克了一道道难关，于1964年成功爆炸第一颗原子弹，1966年核弹、导弹“两弹”结合试验成功，之后还成功发射了第一颗人造卫星。这些国防尖端科技成果的取得，是广大科技人员忠诚奉献的结果。

新中国成立前，我国只有三座小油田，年产不足12万吨，只好依赖“洋油”进口。以王进喜为代表大庆石油工人，以“宁肯少活二十年，拼命也要拿下大油田”的牺牲精神，下定“有条件要上，没有条件创造条件也要上”的奋斗决心，用三年多的时间探明和建设了大庆油田，其产量占全国年产600万吨的2/3，结束了我国进口“洋油”的历史。王进喜从小放过牛，知道牛的脾气，牛出力最大，享受最少，表示“要老老实实地为党和人民当一辈子老黄牛”。他不顾腿伤带头跳进泥浆池，用身体搅拌泥浆，最终制服了井喷，被人称作“铁人”。山西省大寨村在党支部的带领下，用五年时间把大沟改成良田、垒坝建成梯田，在全国大灾的年头，粮食亩产竟高达774斤，一亩地相当于别人三亩半。大寨女队员郭凤莲在“先治坡后治窝”的劳动中与男社员一样战天斗地，被称作“铁姑娘”。中央提出了“工业学大庆，农业学大寨，全国学人民解放军”的号召。大庆精神、大寨精神成为党和人民宝贵的精神财富。

（三）在曲折探索中彰显忠诚本色

1966年5月至1976年10月，是“文化大革命”的十年内乱时期。毛泽东出于“中央出修正主义”的忧虑，错误发动了这场给党、国家带来严重灾难的内乱。

这种动乱的局面遭到老一辈革命家的激烈抗争。1967年1月，中央军委在北京京西宾馆召开的碰头会上，江青等人提出“军队不能特殊”、应和地方一样搞运动，对此，叶剑英、徐向前、聂荣臻他们坚决反对，在激烈的争执中义愤填膺，拍案怒斥江青等人，“大闹京西宾馆”。2月又“大闹怀仁堂”，谭震林怒斥：不要党的领导，一天到晚老是群众自己解放自己，自己教育自己，自己搞革命。这是什么东西？其他老同志也作了措辞尖锐的发言，痛快淋漓地揭露和抨击“四人帮”，充分体现了老一辈革命家对党的无限忠诚。

广大党员、党的各级领导干部和人民群众在各自的岗位上坚持工作和生产，以不同方式对“文化大革命”进行抵制和抗争。绝大多数人没有动摇热爱祖国和拥护党、拥护社会主义的立场，他们的忠诚品质在这场内乱中经受了考验。在积极因素的作用下，十年间在一些重要领域仍取得了一定进步。比如，1967年成功地爆炸了第一颗氢弹，1969年首次成功进行了地下核试验，1971年第一艘核潜艇建成并试航成功，洲际火箭首次飞行试验基本成功，1973年首次培育成功强优势的籼型杂交水稻，等等。著名核武器专家郭永怀在完成第一次热核弹头试验准备工作返回北京时，因飞机失事不幸遇难。当人们从机身残骸中找到郭永怀时，发现他与警卫员紧紧抱在一起，而紧护在胸前的，竟是完好无损的装有绝密试验资料的公文包。数学家陈景润在他六平米的小屋内，伏在床板上演算，用掉了几麻袋的草稿纸，对“哥德巴赫猜想”的研究达到世界领先地位。

第三节　在改革开放大潮中升华忠诚

以1978年12月召开的党的十一届三中全会为标志，我国进入波澜壮阔的改革开放时期。改革开放是一项前无古人的事业，需要勇气、智慧和担当，这都要以忠诚作为支撑。40多年来，我们党高度重视自身建设和思想教育，把增强党性、增进忠诚作为党员队伍建设的第一要务，团结广大党员和人民群众，发扬伟大改革开放精神，开拓创新，敢闯敢试，勇于担当，忠诚品质进一步得到升华。

（一）杀出一条血路来的大勇气

中国革命走的是农村包围城市的道路，而改革开放也是率先在农村取得突破，被誉为“第二次农村包围城市”。1978年，全国出现大范围干旱。安徽凤阳县小岗村生产队干部非常担忧吃不饱肚子的问题。有的社员提出，1961年搞责任田，救了不少人的命，今年又是大旱，不分田恐怕会死人的。队干部商量，还是保命要紧，上面怪罪下来，大不了被撤职。11月24日夜，离十一届三中全会召开还有24天，全队20户农民的18位代表秘密聚集在一间草房内，决定分田到户，写下字据，并摁上了鲜红的手印。令他们没有想到的是，这一摁，就摁下了中国农村改革的开关。虽然农村家庭联产承包责任制被有的人批评为走资本主义道路，但是这一做法得到当时安徽省委书记万里和邓小平等中央主要领导的肯定。邓小平曾评价：农村家庭联产承包责任制是人民群众创造的。农村改革就是在小岗村队干部冒着“坐牢杀头”的风险拉开大幕的。

改革开放前，在浅浅的深圳河两边，都有一个罗芳村。深圳的罗芳村，1979年的人均年收入是134元，而河对岸香港的罗芳村人均年收入是13000元，相差近百倍。不少人在天黑时卷起裤腿，在深圳河里游上十几米来到香港，才出现了香港的罗芳村。这种现象在当时一度酿成“逃港风波”，成为严重的政治问题。如何阻止这种现象，才能更好地体现社会主义的优越性？邓小平提出“让一部分城市先富起来”。为了寻找突破口，广东省委向中央建议，“划出一些地方”，设置类似海外的出口加工区。邓小平听后立即给予支持：“还是办特区好，过去陕甘宁就是特区。中央没有钱，可以给些政策，你们自己去搞，杀出一条血路来。”正是有了这种“杀出一条血路来”的勇气，中国的改革开放由点到线、由线到面全面推进，形成全方位多层次对外开放新格局。

党的事业与党的建设紧密相连。随着改革开放事业的不断推进，如何建设一支忠诚的党员队伍，把党建设成为领导社会主义现代化事业的坚强核心，越来越迫切地摆在党的面前。从 1983 年到 1987 年，全党分期分批开展了一次以统一思想、整顿作风、加强纪律、纯洁组织为基本任务的全面整党。通过整党，广大党员干部提高了思想政治上同党中央保持一致的自觉性，查处了一批党员干部严重违法乱纪的案件，还清理了“文化大革命”时期的“三种人”①，进一步纯洁了党组织。党的十三大专门提出了党员对“共产主义事业的忠诚”问题，指出：“无产阶级政党的力量和作用，主要地不是取决于党员的数量，而是取决于党员的质量，取决于他们执行党的路线的坚定性和对共产主义事业的忠诚。”党的建设的加强和改进，保证了党始终成为改革开放和社会主义现代化事业的坚强领导核心。

（二）搞社会主义市场经济的大智慧

社会主义制度确立以后，我国一直实行的是计划经济。改革开放以来，计划经济存在的各种弊端逐渐凸显出来。比如，在沈阳有一家铜厂和一家电缆厂，仅一墙之隔，分别由冶金部门和机械部门管。冶金部门把铜调到别的地方去，而电缆厂需要的铜要从别的地方甚至几千公里外的云南调过来。这样的经济怎么可能是有效率的经济？经济学界围绕实行计划经济还是市场经济展开了激烈的探讨，有人认为市场经济就是否定社会主义制度，就是搞资本主义，将之上升为姓“资”姓“社”的路线之争。关键时刻，作为忠诚的马克思主义者邓小平，以巨大的智慧和勇气，振聋发聩地指出：“计划多一点还是市场多一点，不是社会主义与资本主义的本质区别。计划经济不等于社会主义，资本主义也

① “三种人”指的是追随林彪、江青反革命集团造反起家的人，帮派思想严重的人，打砸抢分子。

有计划；市场经济不等于资本主义，社会主义也是市场。计划和市场都是经济手段。”① 党的十四大明确提出，我们经济体制改革的目标是建立社会主义市场经济体制，之后被写进宪法，以法律形式确定下来。

在社会主义市场经济条件下加强和改进党的建设，需要科学回答建设一个什么样的党、怎样建设党的基本问题。党所处的环境和肩负的任务有了很大变化，党的建设面临许多新情况新问题，一定要结合新的实际，遵循党的基本路线，坚持党要管党和从严治党，加强和改进党的建设，努力提高党的执政水平和领导水平，更好地发挥领导核心作用。1998 年 11 月到 2000 年底，采取自上而下、分级分批的形式，在县级以上领导班子、领导干部中开展“讲学习、讲政治、讲正气”教育活动，广大干部普遍经受了一次党内政治生活的锻炼。世纪之交，以江泽民同志为主要代表的中国共产党人，创立了“三个代表”重要思想。全党认真学习“三个代表”重要思想，并以此为思想武器开展深入的思想政治教育，提升了对党的忠诚度。

对党忠诚，从根本上说是要体现党的先进性。为加强党的先进性建设，从 2005 年开始，全党开展以实践“三个代表”重要思想为主线，全面落实科学发展观的先进性教育活动。教育活动以学习党章为重点，每批约半年分三批进行，使广大党员受到了一次深刻的马克思主义教育，先锋模范作用进一步发挥。从 2008 年 9 月开始，在全党分批开展了为期一年半的学习实践科学发展观活动，为推进改革开放、推动经济社会又好又快发展打下坚实的基础，进一步提高了党的先进性。根据世情、国情、党情变化对党的建设提出的新要求，党的十六届三中全会提出要不断提高党的建设科学化水平，在以科学理论指导党的建设、以科学制度保障党的建设、以科学方法推进党的建设上见到实效，创造性地研究和解决时代发展、社会变革对党的建设提出的问题。

（三）新时代为实现民族复兴伟业的大担当

党的十八大以来，中国特色社会主义进入新时代。今天，我们比历

① 《邓小平文选》第 3 卷，人民出版社 1993 年版，第 373 页。

史上任何时期都更接近中华民族伟大复兴的目标，比历史上任何时期都更有信心、有能力实现这个目标。针对我国历史方位的新变化，习近平总书记以强烈的使命担当，鲜明提出了"中国梦"的重要命题："实现中华民族伟大复兴，就是中华民族近代以来最伟大的梦想。"[①] 中国梦一经提出，就产生了强大的号召力和感染力。在中国梦这一面精神旗帜的指引下，党中央团结带领全党全国各族人民，坚持统筹推进"五位一体"总体布局、协调推进"四个全面"战略布局，深刻回答了新时代坚持和发展什么样的中国特色社会主义、怎样坚持和发展中国特色社会主义这个重大时代课题，形成了习近平新时代中国特色社会主义思想。我们党以巨大的政治勇气和强烈的责任担当，解决了许多长期想解决而没有解决的难题，办成了许多过去想办而没有办成的大事，推动党和国家事业发生历史性变革。

打铁必须自身硬。办好中国的事情，关键在党，关键在党要管党、从严治党。党的十八大刚闭幕不久，中央政治局就出台了关于改进工作作风、密切联系群众的八项规定。以此为破题，坚定不移推进全面从严治党，解决了许多过去认为不可能解决的问题，党风政风和社会风气发生了深刻变化。许多党员干部感慨，过去上百个文件管不住一张嘴，没想到一个八项规定就把嘴管住了。坚持党要管党从党内政治生活管起，从严治党从党内政治生活严起，在政治上打造"青山绿水"，党内政治生态得以改善。坚持以零容忍态度惩治腐败，"打虎""拍蝇""猎狐"多管齐下，取得反腐败斗争压倒性胜利。正是因为全面从严治党取得战略性成果，全党政治意识、大局意识、核心意识、看齐意识进一步增强，对党忠诚、为党分忧、为党担责、为党尽责的自觉性进一步提高。

在新时代，涌现了大批忠诚于党的先进模范，受到习近平总书记的点赞。兰辉在曾任四川省北川县副县长，他始终对工作充满激情，宁可让身体透支，也不让工作欠账，坚持深入基层、深入一线，平均每天行车 200 多公里，即使生病住院动手术也丢不下工作，生命最后一刻还奋战在交通建设和防汛现场。习近平号召广大党员干部要学习他"信念坚

---

① 《习近平谈治国理政》，外文出版社 2014 年版，第 36 页。

定、对党忠诚的政治品质”。廖俊波曾任福建省政和县县委书记，2017年因发生车祸殉职。习近平同志称赞他：“牢记党的嘱托，尽心尽责，带领当地干部群众扑下身子、苦干实干，以实际行动体现了对党忠诚、心系群众、忘我工作、无私奉献的优秀品质，无愧于‘全国优秀县委书记’的称号。”邹碧华生前是上海市高级人民法院副院长，投身司法事业26年，始终秉持“做一个有良心的法官”。习近平同志评价邹碧华“是新时期公正为民的好法官、敢于担当的好干部……生动诠释了一名共产党员对党和人民事业的忠诚”。

第四节　人民军队是对党忠诚的模范践行者

人民军队的历史是党史的重要组成部分。从一定意义上说，人民军队的历史就是一部忠诚于党的历史。忠诚是革命军人最重要、最可贵的政治品格，是坚决听党指挥的价值支撑和内在动力。无论形势如何发展，无论战争形态如何变化，对于军队来说，对党绝对忠诚永远是最高政治要求。

（一）我们的原则是党指挥枪，而决不容许枪指挥党

人民军队创建一开始就置于党的绝对领导之下。南昌起义时，总指挥贺龙还没有正式入党，朱德是秘密党员，公开身份是军官教育团团长兼南昌市公安局长，但他们都表示坚决听党指挥。毛泽东率领秋收起义部队受到很大挫折，生活极度困难，部队面临溃散的可能，于是进行了著名的三湾改编，精简编制，健全组织，班排设小组，支部建在连上，营、团建立党委，连以上设党代表。这次改革具有非常重要的战略意义，从此，部队基层有了党支部的依托，使党对军队绝对领导的制度初步确立起来。党代表注重进行思想政治教育，官兵觉悟提高很快，部队面貌焕然一新。1929年，朱德、毛泽东领导下的红四军召开古田会议，通过的决议确立了党对军队绝对领导的三项制度，即建立各级党组织的制度，实行党代表制度，建立政治机关制度，是新型人民军队建设的重要里程碑，奠定了官兵对党忠诚的政治基础。

红军在长征途中，强渡大渡河、飞夺泸定桥、翻越大雪山，谱写了一曲曲人民军队在党的领导下英勇顽强、不怕牺牲、敢于胜利的壮歌，集中展现了对党极其忠诚的鲜明本色。历尽千辛万苦的中央红军与红四方面军会师后，却面临着一个致命的危险。红四军领导人张国焘自恃枪多势众，拥兵自重，"伸手向中央要权"，甚至宣布另立"中央"。在这一重大原则问题上，以毛泽东为代表的党中央领导广大红军指战员与张国焘的分裂行为进行了严肃的政治斗争。在走投无路情况下，成为孤家寡人的张国焘私自出逃，投入国民党特务集团，成为可耻的叛徒。红军战胜张国焘分裂主义，经受了一次严峻的考验。毛泽东曾总结说："共产党员不争个人的兵权（决不能争，再也不要学张国焘），但要争党的兵权，要争人民的兵权。""我们的原则是党指挥枪，而决不容许枪指挥党。"①

七七事变后，国共组成抗日统一战线。面对民族危机，人民军队在党的指引和领导下，不计旧怨，捐弃前嫌，着手改编工作。"红军"要变成"国军"，帽子上的"红五星"就要换成"青天白日"，官兵们从感情上却无法接受！刘伯承师长情绪激昂地讲道："换帽子算得了什么？那只不过是形式。我们人民军队的本质不会变，红军的优良传统不会变。帽徽虽然是白的，但我们的心是红的。"说完，他带头将缀有"青天白日"徽的帽子戴上。这一时期，虽然人民军队的名称变了，服装变了，但是对党的忠诚是永远也不会变的。

随着解放战争向纵深发展，部队在大量歼灭敌人的过程中，通过"即俘即补"方式补充兵源，解放战士越来越多。如何确保这些从国民党军队俘虏过来的官兵对党忠诚并听党指挥呢？党中央和中央军委决定发动新式整军运动。其中有一个重要的环节是组织他们进行诉苦。东北部队有个战士因诉苦时太愤恨，气昏过去。西北野战军有一个解放战士叫路新理，他哭着上台痛诉自己的苦难遭遇，泣不成声。他拿起手中的枪，将枪托猛地向地上一捣说："今后，我一定在解放军里好好打仗。"新式整军运动使大批俘虏兵"掉转枪口打国民党"，加快了解放战争的进程。

---

① 《毛泽东选集》第 2 卷，人民出版社 1991 年版，第 546、547 页。

（二）军队要永远忠于党，忠于国家，忠于人民，忠于社会主义制度

新中国成立不久，中国人民志愿军入朝参战，作战对手主要是武装到牙齿的美军。我军将士经受住了自然极限和战争极限的双重考验，在生与死的较量中，涌现出了抱炸药包冲入敌群的杨根思、舍身堵枪眼的黄继光、烈火中永生的邱少云等战斗英雄。我军赢得战争的根本原因，正如毛泽东所说：志愿军打败了美国佬，靠的是一股气，美军不行，钢多气少。这里的气，就是指建立在对党忠诚基础之上的战斗精神。进入现代化建设时期，人民军队涌现出对党无限忠诚的雷锋和永不变色的南京路上好八连等全军、全国的重大先进典型。

党的十一届三中全会之后，随着全党把工作重点转移到社会主义现代化建设上来，人民解放军积极响应党和国家“军队要忍耐”的号召，服从和服务于社会主义现代化建设的大局，扎紧裤带过紧日子。比如，1982 年到 1988 年，国防费在国家财政支出的比例逐年下降，把节省下来的资金用于支援国家经济建设。另外，先后出动大量兵力，支援国家重点工程建设。在有 3 万指战员参加的引滦入津工程中，几位干部在一次遇到险情时，曾立下一份集体遗嘱：“1. 如果我们牺牲了，我们感到没有完成党和人民交给我们的任务，死不瞑目！2. 丧事从简，不送花圈，不开追悼会……”这项工程提前了将近一半时间完成，有 17 名同志献出了年轻的生命，践行了忠诚于党的诺言。

2008 年四川汶川发生特大地震，十几万官兵立即行动，迅速开赴抗震救灾第一线，不惜一切代价挽救人民群众的生命财产安全，是新的历史时期对党忠诚的实际行动。围绕强化官兵精神支柱，胡锦涛提出大力培育“忠诚于党、热爱人民、报效国家、献身使命、崇尚荣誉”的当代革命军人核心价值观，其内涵的第一条就是“忠诚于党”，充分说明了当代革命军人忠诚品质的极端重要性。

（三）对党绝对忠诚要害在“绝对”两个字

党的十八大以来，习近平主席着眼坚持和发展中国特色社会主义、实现中华民族伟大复兴中国梦，围绕强军兴军，提出了“建设一支听党

指挥、能打胜仗、作风优良的人民军队”这一党在新形势下的强军目标。其中，坚决听党指挥是强军之魂，必须毫不动摇地坚持党对军队的绝对领导，听从党的绝对指挥，永远听党的话、跟党走。无论过去、现在还是将来，无论战争形态怎么演变，无论军队建设内外环境怎么变化，无论军队组织形态怎么调整，都必须始终不渝地坚持党对军队的绝对领导这一根本原则和制度。习近平主席指出，“在这个根本政治原则问题上不能有丝毫差池，否则就要犯历史性错误。”① 这是军队建设最重要的一个问题。在这个根本政治原则问题上，我们要头脑特别清醒、态度特别鲜明、行动特别坚决，决不能有任何动摇、任何迟疑、任何含糊。

总体上看，军队对党绝对忠诚的意识树的是牢固的、行动是坚决的。然而，时代在发展，社会在变迁，军队成员在不断更替，新情况、新挑战、新考验也不断涌现。在外部，苏东剧变后，社会主义暂时处于低潮，共产主义理想信念遭受冲击，随着对外开放和国内改革的深入，社会思想多元、多样、多变的趋势更加明显，“军队非党化、非政治化”和“军队国家化”思潮的影响不可低估。在内部，年轻一代官兵对我军的历史传统缺乏深刻认识和切身感受，部分人员政治意识、党性观念出现淡化现象，在对党绝对忠诚上打了折扣。更为严重的是，极少数领导干部出现假忠诚、伪忠诚。徐才厚口头上总是信誓旦旦表白“永远忠于党热爱党”，但实际上灵魂深处早已同党离心离德、腐化糜烂了。他在忏悔时讲：“走到今天这步，最主要是没听党的话。”

坚决听党指挥，不能只挂在嘴上、当口号喊，必须落实到行动上，确保部队绝对忠诚、绝对纯洁、绝对可靠。绝对忠诚要害在“绝对”两个字，就是唯一的、彻底的、无条件的、不掺任何杂质的、没有任何水分的忠诚。首先，在理想信念上要忠贞不渝，坚定对马克思主义的信仰、对中国特色社会主义的信念、对改革开放和社会主义现代化建设的信心、对以习近平为总书记、军委主席的党中央和中央军委的信赖。其次，在价值追求上要坚定执着，始终把党和人民的需要作为奋斗目标，

---

① 中国人民解放军总政治部编印：《习近平关于党在新形势下的强军目标重要论述摘编》，解放军出版社 2014 年版，第 8 页。

把人民利益放在高于一切的位置，把全心全意为人民服务作为唯一的宗旨，与人民心心相印、同甘共苦、团结奋斗。再次，在原则立场上要态度鲜明，坚持党对军队绝对领导的根本原则不动摇，贯彻党的路线方针政策不动摇，坚决落实军队的条令条例和规章制度，坚决贯彻上级的命令指示，树牢“四个意识”，坚定“四个自信”，坚决维护核心、维护和贯彻军委主席负责制，在任何时候、任何情况下都坚决听从党中央、中央军委和习主席指挥。

第三章

为中国人民谋幸福

——忠于人民

本章提要

为中国人民谋幸福，为中华民族谋复兴，是中国共产党人的初心和使命。新时代，广大党员干部要忠于人民，牢固树立为人民服务的根本宗旨，把人民对美好生活的向往当做我们的奋斗目标，坚持以人民为中心的发展理念，当好人民的勤务员，永葆共产党人的政治本色。

为中国人民谋幸福，为中华民族谋复兴，是中国共产党人的初心和使命。人民立场是党的根本政治立场，全心全意为人民服务是党的根本宗旨。忠诚于人民是忠诚于党的必然要求。对人民忠诚是共产党员的安身立命之本，党同人民风雨同舟、生死与共是党战胜一切困难和风险的根本保证。毛泽东要求全党同志必须全心全意为人民服务，邓小平要求我们做工作必须考虑群众拥护不拥护、赞成不赞成、高兴不高兴、答应不答应，江泽民同志提出我们党要始终代表中国最广大人民根本利益，胡锦涛同志提出必须把实现好、维护好、发展好最广大人民根本利益作为一切工作的出发点和落脚点，习近平总书记明确提出“人民对美好生活的向往，就是我们的奋斗目标”，体现了共产党人一以贯之的人民立场和人民情怀。我们党能够不断从胜利走向胜利，一个重要的法宝就是“唤起工农千百万，同心干”。在推进“四个全面”的新征程中，只要我们忠诚于人民，始终坚持人民利益高于一切，对人民负责，为人民担责，紧紧依靠人民，就能永远立于不败之地。

第一节　牢固树立为人民服务的根本宗旨

人民性是马克思主义最鲜明的品格。党的根基在人民、党的力量在人民，忠诚于党，根本上要求全党同志要把人民放在心中最高位置，坚持全心全意为人民服务的根本宗旨。党章规定，中国共产党党员必须全心全意为人民服务，不惜牺牲个人的一切，为实现共产主义奋斗终身。

（一）人民群众是历史的创造者

马克思说，“历史活动是群众的活动”。人民群众是历史的创造者，这是历史唯物主义的基本观点。人民立场是马克思主义政党区别于其他政党的显著标志。群众是真正的英雄，人民群众是历史发展和社会进步的主体力量。坚持全心全意为人民服务的根本宗旨，体现了马克思主义唯物史观，体现了对人民创造历史的地位和作用的深刻认识，体现了对人类社会发展规律的科学把握。

中国共产党在长期革命和建设实践中形成的“一切为了群众，一切依靠群众，从群众中来，到群众中去，把党的正确主张变为群众的自觉行动”的群众路线，是我们党最为宝贵的思想理论财富。毛泽东在党的七大政治报告中明确指出：“人民，只有人民，才是创造世界历史的动力。”① 他把人民群众看成是“主人”“老师”，比作“上帝”“父母”，他还把群众形象地比作共产党的后台，后台一拆，什么戏都唱不成了。毛泽东是党的群众路线的主要创立者、坚定倡导者和实践者，他从马克思主义唯物史观的高度，批判了英雄创造历史的唯心史观，阐明了历史是人民群众创造的。

党同人民群众的血肉联系，是共产党区别于其他阶级政党的最根本标志。党在任何时候都把群众利益放在第一位，同群众同甘共苦，保持最密切的联系。“我们的党是人民的代表，我们要使人民觉悟，使人民团结起来。在这个问题上，我们同国民党是对立的，一个要人民，一个脱离人民。”②

1940 年 3 月，抗日战争困难时期，陈嘉庚率“南洋华侨回国慰劳考察团”访问重庆。蒋介石热情接待，花大价钱用山珍海味来宴请陈嘉庚先生，但这却引起了陈嘉庚先生的反感。国民党的陪都重庆，官场腐败，“虚浮乏实，绝无一项稍感满意”。陈嘉庚对这种“前方吃紧”“后方紧吃”挥金如土的做法特别反感，连续三天在国民党《中央日报》刊登罢宴声明：“在此抗战中艰难困苦时期，望政府及民众实践节约，切勿消耗物力！”1940 年 5 月 31 日至 6 月 7 日，陈嘉庚访问延安。毛泽东接待时抱歉地说：我薪俸有限，没钱招待，这只鸡是邻居老大娘知我有贵宾，送我待客的。陈嘉庚在延安考察了好几天，最后得出一个改变自

---

① 《毛泽东选集》第 3 卷，人民出版社 1991 年版，第 1031 页。

② 《毛泽东文集》第 3 卷，人民出版社 1996 年版，第 58 页。

己后半生的结论——“中国的希望在延安”。他看清了共产党艰苦抗战的高昂斗志，认定“得天下者，共产党也”。

1949年5月1日，毛泽东同志与柳亚子一同乘船游览昆明湖，柳亚子说：今天胜利了，这是我们盼望已久的，我们都很清楚，蒋介石早晚是要垮台的，共产党要胜利这是肯定的，但是我们没有想到会这么快，不知道毛主席用的是什么妙计。毛泽东同志回答说，“人民的支持是最大的妙计”。过去我们革命取得胜利靠的是人民群众的支持，今天我们搞社会主义建设和改革仍然要站稳人民立场。

党坚持从人民创造历史的活动中汲取思想营养和前进力量。邓小平说：“改革开放中许许多多的东西，都是群众在实践中提出来的”，“绝不是一个人脑筋就可以钻出什么新东西来”，“这是群众的智慧，集体的智慧”。改革开放40多年来取得的伟大成就也是党带领人民群众共同奋斗的结果。40多年来取得的成就不是天上掉下来的，更不是别人恩赐施舍的，而是全党全国各族人民用勤劳、智慧、勇气干出来的！我们用几十年时间走完了发达国家几百年走过的工业化历程。在中国人民手中，不可能成为可能，创造了令人骄傲和自豪的人间奇迹！

“历史是人民书写的，一切成就归功于人民。”2018年新年贺词，习近平总书记为中国人民迸发出来的创造伟力喝彩，由衷地赞颂“千千万万普通人最伟大”。2019年习近平总书记在新年贺词中指出“人民是共和国的坚实根基，人民是我们执政的最大底气”。

（二）党必须全心全意为人民服务

忠诚于人民，就是要把人民利益作为一切工作的根本出发点和落脚点。中国共产党“是为民族、为人民谋利益的政党”，除此之外，“本身决无私利可图”①。1944年9月，毛泽东专门为追悼普通战士张思德发表了《为人民服务》的重要讲话。他在讲话开篇就指出，“我们的共产党和共产党所领导的八路军、新四军，是革命的队伍。我们这个队伍完全是为着解放人民的，是彻底地为人民的利益而工作的”②，明确提出

① 《毛泽东选集》第3卷，人民出版社1991年版，第809页。

② 《毛泽东选集》第3卷，人民出版社1991年版，第1004页。

了中国共产党的历史使命和立党之本。中国共产党人没有自己任何特殊的利益，人民的利益就是党的利益，共产党人就是为人民谋利益的，这是我们共产党人区别于其他任何政党的一个显著的标志。毛泽东在《为人民服务》中高度评价张思德全心全意为人民服务的革命精神和崇高品质，明确提出“我们的一切工作干部，不论职位高低，都是人民的勤务员，我们所做的一切，都是为人民服务”。毛泽东指出：“全心全意地为人民服务，一刻也不脱离群众；一切从人民的利益出发，而不是从个人或小集团的利益出发；向人民负责和向党的领导机关负责的一致性；这些就是我们的出发点。”[①] 这是毛泽东第一次从理论上阐述为人民服务的思想。为人民服务的思想阐明了中国共产党人的人生观和价值观。

党的一切工作都是为了人民群众，都要以人民的根本利益为最高标准。这是党的群众路线的首要内容，是党的各项工作的出发点和归宿。民心是最大的政治。“政之所兴在顺民心，政之所废在逆民心。”在民主革命时期，毛泽东就指出：“共产党员是一种特别的人，他们完全不谋私利，而只为民族与人民求福利。”[②] 新中国成立后，针对党员干部队伍中存在的问题，他强调指出：“共产党就是要奋斗，就是要全心全意为人民服务，不要半心半意或者三分之二的心三分之二的意为人民服务。”[③] 周恩来同志说过一句很形象的话：“下山不忘山，进城不忘乡”，“如果忘了，就是忘本”。周恩来同志说的这个本就是人民群众。他说：“我们是从人民中来的，我们过去的胜利都是在人民的支援下取得的，不能忘本。”“脱离我们的基本阶级群众，就会丧失党的基础。”周恩来同志把自己看成是人民的“总服务员”，坚持人民利益高于一切，心系人民，对人民群众保持高度热爱，急群众之所急，忧群众之所忧。只要是关系群众安危冷暖之事，他总是关怀备至、体贴入微，做到了同人民群众同甘苦、共命运、共忧乐、共奋进。共产党员就是要始终为人民利益而奋斗，任何时候任何条件下都忠于祖国、忠于人民，脚踏实地践行党的宗旨。

---

① 《毛泽东选集》第 3 卷，人民出版社 1991 年版，第 1094—1095 页。

② 《毛泽东文集》第 3 卷，人民出版社 1996 年版，第 47 页。

③ 《毛泽东文集》第 7 卷，人民出版社 1999 年版，第 285 页。

（三）一切为了群众，一切依靠群众

党和人民把权力交给我们，我们就必须履行好职责。共产党员的忠诚就是要始终牢记“权为民所赋，权为民所用”。毛泽东指出：“共产党人的一切言论行动，必须以合乎最广大人民群众的最大利益，为最广大人民群众所拥护为最高标准。”[①] 一切为了人民群众，就是要使党的各项政策都反映群众的利益和要求，“把群众的利益放在第一位”[②]，“由群众来检验”“任何一项政策的正确性”[③]。共产党人要随时准备坚持真理，修正错误，“与人民利益适合的东西，我们要坚持下去，与人民利益矛盾的东西，我们要努力改掉”[④]。“只要我们为人民的利益坚持好的，为人民的利益改正错的，我们这个队伍就一定会兴旺起来。”关心群众，全心全意为人民服务。这是苏区干部好作风最突出的表现。苏区干部在关心群众、全心全意为人民服务方面，真正做到了这一点。他们走遍各家各户，贫苦农民哪家缺盐缺米，哪家劳动力困难，甚至哪家妇女要生小孩，需要红糖新衣，他们心中都有数，都一定会挤出时间尽可能帮助群众解决。当时农民群众最大的愿望是分得一份土地，党领导群众开展土地革命，满足了农民的土地要求。在战争的环境下，苏区群众生活不仅没有下降，反而得到了提高。群众十分感激地说：“共产党真正好，什么事情都替我们想到了。”

党的一切工作，必须以最广大人民根本利益为最高标准。检验我们一切工作的成效，最终都要看人民是否真正得到了实惠，人民生活是否真正得到了改善，人民权益是否真正得到了保障。面对人民过上更好生活的新期待，我们不能有丝毫自满和懈怠，必须再接再厉，使发展成果更多更公平惠及全体人民，朝着共同富裕方向稳步前进。要把群众观点、群众路线深深植根于全党同志思想中，真正落实到每个党员行动上，下最大气力解决党内存在的问题特别是人民群众不满意的问题，使我们党永远赢得人民群众信任和拥护。

---

① 《毛泽东选集》第3卷，人民出版社1991年版，第1096页。

② 《毛泽东著作专题摘编》，中央文献出版社2003年版，第1883页。

③ 《毛泽东著作专题摘编》，中央文献出版社2003年版，第1726页。

④ 《毛泽东文集》第3卷，人民出版社1996年版，第210页。

习近平总书记指出，在新的长征路上，全党必须牢记，为什么人、靠什么人的问题，是检验一个政党、一个政权性质的试金石。我们党来自人民、植根人民、服务人民，党的根基在人民、血脉在人民、力量在人民。党与人民风雨同舟、生死与共，始终保持血肉联系，是党战胜一切困难和风险的根本保证，正所谓“得众则得国，失众则失国”。得民心者得天下，失民心者失天下，人民拥护和支持是党执政的最牢固根基。人心向背关系党的生死存亡。党只有始终与人民心连心、同呼吸、共命运，始终依靠人民推动历史前进，才能做到哪怕“黑云压城城欲摧”，“我自岿然不动”，安如泰山、坚如磐石。失去了人民拥护和支持，党的事业和工作就无从谈起。我们要始终把人民立场作为根本政治立场，把人民利益摆在至高无上的地位，不断把为人民造福事业推向前进。在任何时候任何情况下，与人民同呼吸共命运的立场不能变，全心全意为人民服务的宗旨不能忘，群众是真正英雄的历史唯物主义观点不能丢，始终坚持立党为公、执政为民。

福建省南平市原常委、副市长廖俊波，以“背石头上山”的劲头，带领当地干部群众扑下身子、苦干实干、脱贫致富，是心系群众的先进典型。他长期在基层一线工作，始终牢记党的嘱托，对事业无比热爱，对工作孜孜以求，对群众充满感情。廖俊波任政和县县委书记期间，面对政和县贫困落后的状况，他当事不推责、遇事不避难，他立下誓言、迎难而上，常年奔忙在项目建设、园区开发、脱贫攻坚工作一线，身先士卒、率先垂范，在他的带动下，政和县 3 年多时间累计减少贫困人口 3 万多人，连续 3 年进入福建省县域经济发展“十佳”，把工作业绩写在大地上、写在群众的心坎里。廖俊波同志曾被评为“全国优秀县委书记”，是县委书记的榜样，是全国党员干部的一面旗帜。广大党员干部要以先进典型为引领，深入学习廖俊波同志的先进事迹，学习他对党忠诚、心系群众、忘我工作、无私奉献的崇高精神，学习他知行合一、务实担当的优良作风，扎扎实实为群众办实事、解难事，把群众的关心事、操心事、烦心事挂在心上、抓在手上、干出实效。身体力行把党的方针政策落实到基层和群众中去，真心实意为人民造福。

第二节　人民对美好生活的向往就是我们的奋斗目标

“人民对美好生活的向往，就是我们的奋斗目标”，2012年11月15日，刚刚当选总书记的习近平对全国人民的庄严承诺，展现了我们党执政为民、立党为公的执政理念，彰显了习近平总书记的人民情怀。这一庄严承诺是全心全意为人民服务根本宗旨的继承和发展，是富有时代特色的生动表达。

（一）“为人民谋幸福”，是共产党人始终不渝的初心

1934年1月，毛泽东在江西瑞金召开的第二次全国工农兵代表大会上指出：“要得到群众的拥护，要群众拿出他们的全力放到战场上去吗？那么，就得和群众在一起，就得去发动群众的积极性，就得关心群众的痛痒，就得真心实意地为群众谋利益。”邓小平曾多次讲：“贫穷不是社会主义，社会主义要消灭贫穷。不发展生产力，不提高人民的生活水平，不能说是符合社会主义要求的。”邓小平提出判断我们改革开放和各项工作得失成败的根本标准，就是“三个有利于”，即“是否有利于发展社会主义社会的生产力，是否有利于增强社会主义国家的综合国力，是否有利于提高人民的生活水平”。① 邓小平说：“生活水平究竟怎么样，人民对这个问题感觉敏锐得很，我们上面怎么算账也算不过他们，他们那里的账最真实。”② 这是邓小平的价值判断中最根本的价值标准或评价标准，集中体现了邓小平的群众观。民惟邦本，本固邦宁。民生是人民幸福之基，社会和谐之本。改革开放必须同中国人民对美好生活的向往结合起来才能取得成功。

“人民群众期盼更好的教育、更稳定的工作、更满意的收入、更可靠的社会保障、更高水平的医疗卫生服务、更舒适的居住条件、更优美的环境”“孩子们能成长得更好、工作得更好、生活得更好”，永远是习近平总书记念兹在兹的情怀。2014年2月，习近平主席在俄罗斯索契

---

① 《邓小平文选》第3卷，人民出版社1993年版，第372页。

② 《邓小平文选》第3卷，人民出版社1993年版，第355页。

接受俄罗斯电视台专访时说：中国共产党坚持执政为民，人民对美好生活的向往就是我们的奋斗目标。我的执政理念，概括起来说就是：为人民服务，担当起该担当的责任。[①]

习近平总书记的人民情怀来源于他长期与人民群众同甘苦、共患难的锤炼。1969 年 1 月，15 岁的下乡知青习近平来到陕北革命老区陕西省延川县文安驿公社梁家河大队插队，那时的陕北，家家住在土窑洞，面朝黄土背朝天。习近平和百姓一起住窑洞、睡土炕、忍叮咬，习近平当梁家河村支书时，他到四川学习办沼气，为的是解决村民做饭、照明的困难。他带领村民修了陕西第一座沼气池，打了灌溉井，办了铁业社、缝纫社、代销店、磨坊……他扎根基层，与淳朴的乡亲朝夕相处、同甘共苦、摸爬滚打，一干就是 7 年，给贫穷的村子带来了生机，给村里留下的设施今天还在用。他总是办群众最需要的事，建立起了同人民的血肉联系，从群众中汲取了深厚的精神力量，实现了从不懂基层到了解实际的转变。习近平同志曾说，陕北七年生活最大的收获有两点，其中之一就是懂得了什么叫实际，什么叫实事求是，什么叫群众。习近平同志动情地说，作为一个人民公仆，陕北高原是我的根，因为这里培养出了我不变的信念：要为人民做实事！无论我走到哪里，永远是黄土地的儿子。他一直在关心群众生产生活，记挂民生冷暖。“深入基层不放松，立根原在群众中。千磨万击还坚劲，任尔东西南北风。”习近平总书记改写郑板桥的《竹石》一诗，作为自己上山下乡的最深刻体会。习近平曾坦言：“多年来，我一直在跟扶贫打交道，其实我就是从贫困窝子里走出来的。”习近平曾说过：“只要还有一家一户乃至一个人没有解决基本生活问题，我们就不能安之若素；只要群众对幸福生活的憧憬还没有变成现实，我们就要毫不懈怠团结带领群众一起奋斗。”

2014 年新年贺词，习近平总书记强调，“让老百姓过上更加幸福的生活，还有大量工作要做”。2015 年新年贺词，习近平总书记告诫，“我们时刻都要想着那些生活中还有难处的群众”。2016 年新年贺词，习近平总书记直言，“让几千万农村贫困人口生活好起来，是我心中的牵挂”。2017 年新年贺词，习近平总书记说，“新年之际，我最牵挂的

---

① 《人民日报》2014 年 2 月 7 日。

还是困难群众，他们吃得怎么样、住得怎么样，能不能过好新年、过好春节”“部分群众在就业、子女教育、就医、住房等方面还面临一些困难，不断解决好这些问题是党和政府义不容辞的责任”“与人民心心相印、与人民同甘共苦、与人民团结奋斗”，这是习近平最生动的写照，也是他无比坚定的政治信念。

人民利益是我们党一切工作的根本出发点和落脚点。“中南海”要始终直通人民群众，我们要始终把人民群众放在心中脑中。2016 年 12 月，在中共中央政治局召开民主生活会上，习近平指出：“乐民之乐者，民亦乐其乐；忧民之忧者，民亦忧其忧。”中央政治局的同志必须做到以人民忧乐为忧乐、以人民甘苦为甘苦，始终怀着强烈的忧民、爱民、为民、惠民之心，察民情、接地气，倾听群众呼声，反映群众诉求。在十九届一中全会上，习近平总书记深刻指出，在新时代的征程上，全党同志一定要抓住人民最关心最直接最现实的利益问题，坚持把人民群众关心的事当作自己的大事，从人民群众关心的事情做起，多谋民生之利，多解民生之忧，在幼有所育、学有所教、劳有所得、病有所医、老有所养、住有所居、弱有所扶上不断取得新进展，不断促进社会公平正义，不断促进人的全面发展、全体人民共同富裕。这就要求各级党委政府必须贯彻以人民为中心的发展思想，以人民对美好生活的向往作为奋斗目标，以造福人民为最大政绩。

（二）给人民群众带来更多获得感、幸福感、安全感是一切工作的落脚点

对党忠诚就是始终不忘人民，时刻想着群众。“老百姓关心什么、期盼什么，改革就要抓住什么、推进什么，通过改革给人民群众带来更多获得感。”群众的一桩桩“小事”，是构成国家、集体“大事”的“细胞”，小的“细胞”健康，大的“肌体”才会充满生机与活力。

改革为了人民，就要用是否给人民群众带来实实在在的获得感、幸福感、安全感作为标准衡量改革成效。“党中央制定的政策好不好，要看乡亲们是哭还是笑。要是笑，就说明政策好。要是有人哭，我们就要注意，需要改正的就要改正，需要完善的就要完善。”如今，一分钟脱贫 20 多人，不少贫困群众从吃不起肉到用起了互联网、住上了砖瓦房；

一天新增4万多家市场主体，很多创业者找到了实现梦想的途径；城乡新增就业连续5年超过1300万人，年轻一代通过奋斗支撑家庭……一个个普通人的笑脸，是获得感的温暖印记，也是改革落地的最佳注脚。

民生是人民幸福之基，社会和谐之本。让人民过上幸福生活是社会主义社会的本质要求，是中国特色社会主义发展的根本目的，是我们党立党为公、执政为民的使命所在，是我们党一切工作的出发点和落脚点。只有全面树立在发展中保障和改善民生的观点，才能赢得人民群众的支持，才能真正实现凝心聚力、共同奋斗，才能真正完成中华民族伟大复兴的历史使命。人民群众最关心最直接最现实的利益就是与人民群众生活劳动息息相关的就业、教育、医疗、养老、住房等民生问题。作为始终代表最广大人民根本利益的执政党，在推进社会建设的任务清单上，必须始终把人民群众的利益摆在至高无上的地位，让改革发展的成果更多更公平惠及全体人民，坚定朝着实现全体人民共同富裕的目标不断前进。

改革开放40年来，我们致力于实现好、维护好、发展好最广大人民根本利益，人民生活不断改善，人民群众的获得感、幸福感、安全感不断增强。我国GDP从1978年的0.3645万亿元增长到2017年的82.7万亿元；人均国内生产总值从1978年的385元增长到2017年的59660元，年均增长约9.5%，已经达到中等偏上收入国家水平；城镇居民人均可支配收入和农村居民人均可支配收入分别从1978年的343.4元、133.6元提高到2017年的36396元、13432元；农村贫困发生率从1978年的97.5%大幅下降到2017年的3.1%，远低于世界平均水平；居民受教育程度不断提高，九年义务教育全面普及，高等教育毛入学率2017年达到45.7%，高出世界平均水平近10个百分点；城乡居民健康状况显著改善，居民平均预期寿命2017年达到76.7岁，高于世界平均水平。我国人民生活从短缺走向充裕、从贫困走向小康。

习近平总书记始终深切了解群众所思所想，确保治国理政实践始终围绕民心民意来展开。习近平总书记指出：人民群众关心的问题是什么？是食品安不安全、暖气热不热、雾霾能不能少一点、河湖能不能清一点、垃圾焚烧能不能不有损健康、养老服务顺不顺心、能不能租得起或买得起住房，等等。相对于增长速度高一点还是低一点，这些问题更受人民群众关注。如果只实现了增长目标，而解决好人民群众普遍关心的突出问题没有进展，即使到时候我们宣布全面建成了小康社会，人民群众也不会认同。各级领导干部要想群众之所想、急群众之所急、解群众之所困。社会政策要注重解决突出民生问题，积极主动回应群众关切，加强基本公共服务，加强基本民生保障，及时化解社会矛盾。

在新时代，广大党员、干部要学习李保国同志心系群众、扎实苦干、奋发作为、无私奉献的高尚精神，自觉为人民服务、为人民造福，努力做出无愧于时代的业绩。李保国生前是河北农业大学教授、博士生导师。他把太行山区生态治理和群众脱贫奔小康作为毕生追求，每年深入基层200多天，让140万亩荒山披绿，带领10万农民脱贫致富。常年高强度工作让李保国积劳成疾，2016年4月10日凌晨，58岁的他突发心脏病，经抢救无效去世。李保国去世后被追授“全国优秀共产党员”“时代楷模”“全国优秀教师”等荣誉称号。李保国同志的先进事迹体现了我们党全心全意为人民服务的宗旨，彰显了共产党人的本色，是一面很好的镜子。

广大党员干部要自觉向李保国同志学习，以先进典型为镜，筑牢对党忠诚的政治品格，保持纯正质朴的百姓情怀，弘扬扎实苦干的优良作风。要坚定信念、不忘初心，坚守共产党人的精神高地，带着对群众的深厚感情做工作，矢志不渝为党和人民的事业而奋斗。要坚持求实务实，从一点一滴做起，干在实处、走在前列，把业绩写在大地上。

第三节　坚持以人民为中心的发展理念

只有坚持以人民为中心，才能真正忠诚于人民。人民生活水平究竟如何，是否得到提高，要由人民作出评价，人民是评价判断的主体，这是马克思主义价值观的根本观点。我们的各项工作是否有价值，有多大价值，必须由人民来评价。不论是革命还是建设、改革，都必须以人民的利益、人民的权利、人民的价值为最高标准，千百万人民群众的实践是检验真理的唯一标准。领导干部要把尊重群众，热爱人民，关注最广大人民的利益和愿望，把人民拥护不拥护、赞成不赞成、高兴不高兴、答应不答应作为制定各项政策和方针的出发点和归宿。

（一）要坚持把实现好、维护好、发展好最广大人民根本利益作为一切工作的出发点

党员干部要把人民放在心中最高位置，坚持全心全意为人民服务的根本宗旨，实现好、维护好、发展好最广大人民根本利益，使我们党始终拥有不竭的力量源泉。我们的重大工作和重大决策必须识民情、接地气。要以人民群众利益为重、以人民群众期盼为念，真诚倾听群众呼声，真实反映群众愿望，真情关心群众疾苦。要坚持工作重心下移，深入实际、深入基层、深入群众，做到知民情、解民忧、纾民怨、暖民心，多干让人民满意的好事实事，充分调动人民群众的积极性、主动性、创造性。

发挥人民主体性是改革开放 40 年取得成功的一条经验。改革开放在认识和实践上的每一次突破和发展，改革开放中每一个新生事物的产生和发展，改革开放每一个方面经验的创造和积累，无不来自亿万人民的实践和智慧。人民群众首创精神在改革开放和社会主义现代化建设中得到发挥。农村推行家庭联产承包责任制，苏南乡镇企业异军突起，个体经济蓬勃发展。改革开放的成功来自于对群众的首创精神的尊重、来自于对人民群众创造历史的自觉性的尊重，在于顺应了中国人民要发展、要创新、要美好生活的历史要求。党实事求是、解放思想，尊重人民的首创精神，充分发挥人民的首创精神，释放了 13 亿人民的磅礴力量，推动改革开放不断向前迈进。“民有所呼，我有所应”，改革开放是我们党的一次伟大觉醒，这个觉醒是基于对时代潮流的深刻洞察，基于对人民群众期盼和需要的深刻体悟。改革开放的伟大成就，是我们党与人民“想在一起、干在一起”共同创造出来的。实践启示我们，推进新时代改革开放，就要不忘初心，牢记使命，牢牢把握好“为了谁、依靠谁”的根本问题，始终坚持以人民为中心，不断实现人民对美好生活的向往。

人民是改革开放的参与者、见证者。40 年来，人民参与改革开放和社会主义现代化建设的积极性、主动性、创造性被极大地激发出来，人民的创造精神和创造活力竞相迸发，推动改革开放和社会主义现代化建设事业取得了举世瞩目的发展成就。全面深化改革要最大限度集中群

众智慧，把党内外一切可以团结的力量广泛团结起来，把国内外一切可以调动的积极因素充分调动起来，汇合成推进改革开放的强大力量。紧紧依靠人民推动改革，以最大公约数的思想方法研究问题、解决问题，聚合众力、融合众智，就将形成强大的改革合力和持久的改革动力。

改革开放40年来我们取得成就的关键就是践行“一切为了人民，一切依靠人民，一切服务于人民，一切由人民来评判”的改革发展观，不断把为人民造福事业推向前进。以人民为中心，是改革开放以来40年“中国奇迹”发生的密码。中国改革开放之所以能够成功，正是因为依靠了人民。中国改革开放之所以能够得到人民拥护，也正是因为造福了人民。中国改革开放的历史经验已经表明，一系列影响重大的改革措施的推出，都是以基层单位的人民群众创造的具体改革经验为基础的。改革开放是人民的要求和党的主张的统一。人民群众是历史的创造者，是改革开放事业的实践主体，改革开放是亿万人民自己的事业。我们党提出的各项重大任务，没有一项不是依靠广大人民的艰苦努力来完成的。改革开放之所以得到广大人民群众衷心拥护和积极参与，最根本的原因在于我们一开始就使改革开放事业深深扎根于人民群众之中。

（二）坚持以人民为中心的发展思想

习近平总书记在党的十八届五中全会首次提出着力践行以人民为中心的发展思想。这体现了我们党全心全意为人民服务的根本宗旨，体现了人民是推动发展的根本力量的唯物史观，体现了对党对人民的无限忠诚。“以人民为中心”“人民立场”“民心”、民众“获得感”，是习近平总书记经常提及的词汇、关心的话题。以人民为中心的发展思想，不是一个抽象的、玄奥的概念，不能只停留在口头上、止步于思想环节，而要体现在经济社会发展各个环节。习近平总书记指出，人民是历史的创造者，是决定党和国家前途命运的根本力量，要求我们坚持以人民为中心的发展思想，把增进人民福祉、促进人的全面发展作为发展的出发点和落脚点。坚持以人民为中心，是我们党的根本政治立场，是习近平新时代中国特色社会主义思想的鲜明特色和核心要义，反映了坚持人民主体地位的内在要求，彰显了人民至上的价值取向。

党的十八大以来，以习近平同志为核心的党中央，始终把人民立场作为根本政治立场，把人民利益摆在至高无上的地位，把改善人民生活、增进人民福祉作为出发点和落脚点，不断把为人民造福事业推向前进，走上了引领全党全面践行以人民为中心的发展思想的壮阔征程。打赢脱贫攻坚战是保障全体人民共同享有改革开放发展成果，走向共同富裕的关键所在。党的十八大以来，以习近平同志为核心的党中央把脱贫攻坚作为实现“两个一百年”奋斗目标的重要工作，以前所未有的力度解决贫困地区的脱贫问题，这在改革开放历史上是前所未有的。从2012年到2018年，我国贫困人口减少了8000多万人，连续6年平均每年减贫1300多万人，贫困人口从9899万人减少到1660万人。我国提前10年实现了联合国2030年可持续发展议程确定的减贫目标，对全球消除贫困做出了突出贡献。

近年来，以习近平同志为核心的党中央，坚持把增加城乡居民收入、缩小收入分配差距作为重要任务来推进，把教育公平作为社会公平的重要基础来把握，把就业作为最大的民生工程、民心工程、根基工程来指导，把保障群众基本生活、保障基本公共服务作为坚决守住的底线来运筹，把人民健康摆在优先发展的战略地位来谋划，一大批惠民举措落地实施，使公平正义的阳光普照神州大地，人民群众的获得感、幸福感显著增强。改革开放以来，随着经济快速增长，居民收入连续跨越式提升，1978年至2017年，全国居民人均可支配收入增长22.8倍，贫困人口累计减少7.4亿人，占同期全球减贫人口总数70%以上，就业人员翻了一番，城乡免费义务教育全面实现，世界上覆盖人口最多的社会保障体系基本建立。40年来，百姓生活不断改善，忍饥挨饿、缺吃少穿、生活困顿这些几千年来困扰我国人民的问题总体上一去不复返了。世界银行原行长金墉赞叹：“中国的减贫成就，是人类历史上最伟大的历史事件之一。”芬兰中间党总书记奥瓦斯卡认为，中国坚持以人民为中心的发展思想，既是中国共产党的初心和使命，也是中国能取得巨大成就的“秘诀”。

不可否认，我国正处于并将长期处于社会主义初级阶段，我们要根据现有条件把能做的事情尽量做起来，积小胜为大胜，不断朝着全体人民共同富裕的目标前进。推进新时代改革开放，就要充分激发蕴藏在人民群众中的创造伟力。改革开放的伟大实践证明，人民是历史的创造者和书写者，人民是真正的英雄。今天，掌握着自己命运的中国人民焕发出前所未有的积极性、主动性、创造性，展现出气壮山河的伟大力量。推进新时代改革开放，要尊重人民主体地位，尊重人民首创精神，尊重人民群众在实践活动中所表达的意愿、所创造的经验、所拥有的权利、所发挥的作用，汇聚起共同为改革想招、一起为改革发力的强大合力。前进道路上，我们必须始终把人民对美好生活的向往作为我们的奋斗目标，践行党的根本宗旨，贯彻党的群众路线，尊重人民主体地位，尊重人民群众在实践活动中所表达的意愿、所创造的经验、所拥有的权利、所发挥的作用，充分激发蕴藏在人民群众中的创造伟力。

习近平总书记多次谈到“人民满意是衡量我们工作成效的标尺”。检验我们一切工作的成效，最终都要看人民是否真正得到了实惠，人民生活是否真正得到了改善，这是坚持立党为公、执政为民的本质要求，是党和人民事业不断发展的重要保证。更好解决发展为了人民、发展依靠人民、发展成果由人民共享是关乎中国共产党执政目的和执政根基的根本问题。

全面建成小康社会，不是一个“数字游戏”或“速度游戏”，而是一个实实在在的目标。在保持经济增长的同时，更重要的是落实以人民为中心的发展思想，想群众之所想、急群众之所急、解群众之所困，在学有所教、劳有所得、病有所医、老有所养、住有所居上持续取得新进展。要通过深化改革、创新驱动，提高经济发展质量和效益，生产出更多更好的物质精神产品，不断满足人民对美好生活的需要。要坚持社会主义基本经济制度和分配制度，调整收入分配格局，完善以税收、社会保障、转移支付等为主要手段的再分配调节机制，维护社会公平正义，解决好收入差距问题，使发展成果更多更公平惠及全体人民。要深刻把握我国社会主要矛盾的历史性转化，把准人民群众的新需求、新期盼，既要“富口袋”也要“富脑袋”，既要“做大蛋糕”也要“分好蛋糕”，更好满足人民群众在民主、法治、公平、正义、安全、环境等方面日益增长的要求，不断促进人的全面发展、全体人民共同富裕，让人民有更多、更直接、更实在的获得感、幸福感、安全感。

“坚持不忘初心、继续前进，就要坚信党的根基在人民，党的力量在人民、坚持一切为了人民、一切依靠人民、充分发挥广大人民群众积极性、主动性、创造性，不断为人民造福事业推向前进。”面向未来，我们必须坚持同人民在一起。我们要紧紧依靠人民，充分发挥人民主体作用，尊重人民首创精神，为了人民干事创业，依靠人民干事创业。我们要坚持“以百姓心为心”，倾听人民心声，汲取人民智慧，始终把实现好、维护好、发展好最广大人民根本利益作为一切工作的出发点，让发展成果更多更公平惠及全体人民。

要坚持中国特色社会主义道路不动摇，坚持解放和发展社会生产力不动摇，坚持以人民为中心的发展思想不动摇，坚持实现共享发展不动摇，在推动发展中不断提高人民生活水平，努力扩大中等收入群体，让人民群众有更多获得感，更好体现和发挥我们的制度优势。解决发展不平衡不充分问题是全面深化改革的着力点，因此就必须着力保障和改善民生，实现共享发展。让广大人民群众共享改革发展成果，是社会主义的本质要求，也是社会主义制度优越性的体现。全面深化改革必须着力构建公平公正、共建共享的发展新机制，创造更加公平正义的社会环境，不断克服各种有违公平正义的现象，使改革发展成果更多更公平惠及全体人民。

习近平总书记指出，心中常思百姓疾苦，脑中常谋富民之策。保障和改善民生是一项长期工作，没有终点站，只有连续不断的新起点，要实现经济发展和民生改善良性循环。带领人民创造幸福生活，是我们党始终不渝的奋斗目标。我们要顺应人民群众对美好生活的向往，坚持以人民为中心的发展思想，以保障和改善民生为重点，发展各项社会事业，加大收入分配调节力度，打赢脱贫攻坚战，保证人民平等参与、平等发展权利，使改革发展成果更多更公平惠及全体人民，朝着实现全体人民共同富裕的目标稳步迈进。

“以人民为中心”是党的事业兴旺发达的根本所在。习近平治国理政的思想与行动表明，只有坚持人民的道路，才能不断强化群众观念和服务宗旨，真正做实事、做群众需要的事；只有不忘人民的利益，才能拥有责任意识和大局意识，找到解决问题化解矛盾的根本之道；只有信赖人民的力量，才能保留初心，使政绩永远向着人民，向着中华民族千秋万代的利益。

第四节 当好人民的勤务员，永葆共产党人的政治本色

历史和现实都告诉我们，密切联系群众，是党的性质和宗旨的体现，是中国共产党区别于其他政党的显著标志，也是党发展壮大的重要原因；能否保持党同人民群众的血肉联系，决定着党的事业的成败。习近平总书记曾给国家测绘地理信息局第一大地测量队 6 位老队员、老党员回信中说：忠于党、忠于人民、无私奉献，是共产党人的优秀品质。广大党员干部特别是领导干部要坚持忠诚这一政治操守，用毕生精力书写忠诚于党和人民的历史答卷。

（一）加强作风建设，密切联系群众

毛泽东深刻指出："共产党的路线，就是人民的路线。"[①] 他说："所谓正确处理人民内部矛盾问题，就是我党从来经常说的走群众路线问题。共产党员要善于同群众商量办事，任何时候也不要离开群众。党群关系好比鱼水关系。如果党群关系搞不好，社会主义制度就不可能建成；社会主义制度建成了，也不可能巩固。"[②]

加强作风建设，必须紧紧围绕保持党同人民群众的血肉联系，增强群众观念和群众感情，要做到心里装着群众，时刻想着群众，紧紧依靠群众，千方百计为群众谋利益，与群众一块过、一块干，不断厚植党执政的群众基础。群众路线是我们党的生命线和根本工作路线。领导干部要做群众的贴心人，把群众的呼声作为第一信号，哪里有群众的需求，工作的着力点就在哪里，向群众聚焦，为群众出力，把群众最关心、最直接、最现实的利益问题落实好。

坚持群众路线，做好群众工作，不是抽象的口号，不是空洞的许诺，而必须转化为实实在在地帮助人民群众解决各种实际问题。早在中央苏区时，毛泽东就对人民群众关心的亟待解决的实际问题进行多次实

① 《毛泽东文集》第 2 卷，人民出版社 1993 年版，第 409 页。
② 《建国以来毛泽东文稿》第 6 册，中央文献出版社 1992 年版，第 547 页。

地调查，强调：人民群众穿衣问题、吃饭问题、住房问题、婚姻问题、看病问题，乃至柴米油盐问题，“总之，一切群众的实际生活问题，都是我们应当注意的问题”，“都应该把它提到自己的议事日程上”[①]。毛泽东特别指出：“一切空话都是无用的，必须给人民以看得见的物质福利”[②]。关心和解决人民群众关注的实际利益问题，虽然是具体的，甚至是琐碎的，但是都直接关系到能否使人民群众从这些具体事情中“了解我们提出来的更高的任务，革命战争的任务，拥护革命，把革命推到全国去，接受我们的政治号召，为革命的胜利斗争到底”。密切党同人民群众的血肉联系，必须从人民群众关注的具体利益问题入手，从不断满足人民群众利益诉求出发，服务于民，取信于民。这既是一条历史经验，也是一个基本规律。1934 年春，毛泽东发表《关心群众生活，注意工作方法》的讲话，指出要取得群众的拥护，“就得和群众在一起，就得去发动群众的积极性，就得关心群众的痛痒，就得真心实意地为群众谋利益，解决群众的生产和生活的问题”[③]。1934 年 1 月，毛泽东在第二次全国工农兵代表大会上明确指出，要“真心实意地为群众谋利益，解决群众的生产和生活的问题，盐的问题，米的问题……解决群众的一切问题”[④]。1942 年 12 月，他在《经济问题与财政问题》一文中进一步指出，“我们应该不惜风霜劳苦，夜以继日，勤勤恳恳，切切实实地去研究人民中间的生活问题，生产问题，耕牛、农具……重要问题，并帮助人民具体地而不是讲空话地去解决这些问题。”[⑤] 毛泽东反复强调，要使人民群众真心实意地拥护共产党，跟着共产党干革命，就必须帮助他们解决切身的利益问题，使他们从这些事情出发，认识到共产党是代表他们的利益的，是和他们呼吸相通的。

领导干部是人民的公仆，必须始终牢记宗旨、牢记责任，自觉把权力行使的过程作为为人民服务的过程，自觉接受人民监督，做到为民用权、公正用权、依法用权、廉洁用权。始终把人民当作国家的主人来敬

① 《毛泽东选集》第 1 卷，人民出版社 1991 年版，第 137—138 页。
② 《毛泽东文集》第 2 卷，人民出版社 1993 年版，第 467 页。
③ 《毛泽东选集》第 1 卷，人民出版社 1991 年版，第 138 页。
④ 《毛泽东选集》第 1 卷，人民出版社 1991 年版，第 138—139 页。
⑤ 《毛泽东文集》第 2 卷，人民出版社 1993 年版，第 467 页。

畏，当作真正的英雄来学习。“领导不是百事通，不是万能的。要做群众的先生，先做群众的学生。领导干部要放下架子，甘当小学生，多同群众交朋友，多向群众请教。要真正悟透群众是真正的英雄。”“凡是群众反映强烈的问题都要严肃认真对待，凡是损害群众利益的行为都要坚决纠正。”

2012年12月，习近平履新总书记不久，就到河北省阜平县看望慰问困难群众，不管走到哪里，人民始终在他心中。“我是人民的勤务员，让人民过上好日子是我们共产党人的初心、宗旨。”习近平总书记发自肺腑的亲切话语，让人民群众感受到他深沉的人民情怀。面对困难群众，他从来都谦和可亲。习近平在河北省阜平县考察扶贫开发工作时的讲话中指出，消除贫困、改善民生、实现共同富裕，是社会主义的本质要求。对困难群众，我们要格外关注、格外关爱、格外关心，千方百计帮助他们排忧解难，把群众的安危冷暖时刻放在心上，把党和政府的温暖送到千家万户。

2016年2月，习近平在江西调研时来到了贫困户张成德家，一间一间屋子察看，察看了厨房、卧室，也看了羊圈、娃娃鱼池、水冲厕所。张成德的老伴拉着总书记的手激动地说：“感谢您来看我们，您可是国家的当家人啊。”习近平接过话茬说：“我们国家是人民当家作主，包括我在内，所有领导干部都是人民勤务员，是帮你们跑事的。”

在走访中发现有待改善的细节问题，习近平也会亲自提出解决方案。在河北张家口调研时，他就给当地农家院的规划支起了招，提出房子的生活区、生产区、养殖区要合理布局，改厕问题也要科学设计，还要尊重民意。问需于民，解的是民忧，暖的是民心。

2018年2月，农历戊戌年春节前夕，习近平总书记到四川考察调研，牵挂的是深度贫困地区脱贫攻坚的问题。他握着抗美援朝老党员冯家祥的手，再次说了同样的话：“我是人民的勤务员，是为人民服务的。”习近平总书记指出，职位越高越要忠于人民，全心全意为人民服务。“实现中国梦”“人民对美好生活的向往就是我们的奋斗目标”“我最牵挂的还是困难群众，他们吃得怎么样，住得怎么样”“绝不让一个困难群众掉队”……这就是习近平“一切为了人民”“为了人民的一切”的真挚情怀。在他心中，党的各级领导干部都是人民的勤务员，中央领导是人民的大勤务员。做人民的公仆、人民的勤务员，是习近平总书记始终坚守的从政信条和践行准则。

（二）廉洁自律，永葆共产党人的本色

我们党的最大政治优势是密切联系群众，党执政后的最大危险是脱离群众。党风问题、党同人民群众联系问题是关系党生死存亡的问题。党章规定，中国共产党党员永远是劳动人民的普通一员。除了法律和政策规定范围内的个人利益和工作职权以外，所有共产党员都不得谋求任何私利和特权。同人民打成一片是我们永远保持艰苦朴素作风的重要保证。党员干部要坚持权为民所用、情为民所系、利为民所谋，不允许任何党员脱离群众，凌驾于群众之上。邓小平高度重视人民群众的地位和作用，他强调："群众是我们力量的源泉，群众路线和群众观点是我们的传家宝。党的组织、党员和党的干部，必须同群众打成一片，绝对不能同群众相对立。如果哪个党组织严重脱离群众而不能坚决改正，那就丧失了力量的源泉，就一定要失败，就会被人民抛弃。"

时代是出卷人，我们是答卷人，人民是阅卷人。习近平总书记强调，只要我们深深扎根人民、紧紧依靠人民，就可以获得无穷的力量，风雨无阻，奋勇向前。2012 年 12 月初，习近平总书记前往广东深圳考察调研。这是习近平总书记上任后首次离京考察，新政新风已扑面而来。从深圳、珠海、佛山到广州，沿途不封路、不清场、不铺红毯，车队与公交、出租、私家车并行，下车后与群众相伴而行，入住普通酒店普通套房，吃自助餐等，为广大干部作出表率。

2013 年元旦前夕，在河北阜平考察时，习近平跟陪同人员、工作人员在一起，吃同样简单的饭菜。他住的是县招待所的一个小套间，只有 16 平方米，家具陈旧，卫生间瓷砖开裂。当地人员歉意地说，本来是可以安排在附近一家条件好一些的旅馆的。他笑着说，这样就挺好，不必讲究。

2014 年 1 月，习近平视察内蒙古阿尔山。零下 30 多度的严寒下，习近平慰问在边防线上巡逻执勤的官兵，并视察哨所。习近平头戴 07 军官版栽绒皮帽，首次穿着我军标准的冬季迷彩防寒服亮相。从外观上看和普通士兵着装并无二致，这样穿既端庄大方又能和士兵们打成一

片。中午，习近平来到食堂，跟大家一样拿起餐盘，打好饭菜，边吃边拉家常。

习近平强调，党员领导干部要讲政德，明大德、守公德、严私德，做廉洁自律、廉洁用权、廉洁齐家的模范。每个领导干部都应该把洁身自好作为第一关，从小事小节上加强约束、规范自己，坚决反对特权思想、特权现象，习惯在受监督和约束的环境中工作生活，炼就过硬的作风。所有党员、干部都要戒贪止欲、克己奉公，切实把人民赋予的权力用来造福于人民。要把家风建设摆在重要位置，廉洁修身，廉洁齐家。只有敬畏法律、敬畏纪律，自觉管住自己，在廉洁自律上作出表率，才能担起肩上的重任。不能颠倒了公私、混淆了是非、模糊了义利、放纵了亲情，要带头树好廉洁自律的“风向标”，推动形成清正廉洁的党风。要勤于检视心灵、洗涤灵魂，校准价值坐标，坚守理想信念。要增强政治定力、道德定力，构筑起不想腐的思想堤坝，清清白白做人、干干净净做事。要管好家属子女和身边工作人员，坚决反对特权现象，树立好的家风家规。

全党同志要把对党忠诚、为党分忧、为党尽职、为民造福作为根本政治担当，永葆共产党人政治本色，用造福人民的实际行动去书写共产党人的忠诚。在新征程上，广大党员干部要始终保持谦虚谨慎、不骄不躁的作风，不畏艰难、不怕牺牲，为实现“两个一百年”奋斗目标、实现中华民族伟大复兴的中国梦而不懈奋斗。

第四章

为中华民族谋复兴

——忠于祖国

本章提要

爱国主义是中华民族民族精神的核心。中国共产党作为爱国主义的坚定继承者和弘扬者，为实现祖国独立富强和人民幸福作出了卓越的贡献。新时代，忠于祖国是对党员干部的基本要求。广大党员干部要把忠于祖国要落实到实际行动上，在新时代敢于担当创业，保持良好的精神状态，在各自本职工作岗位上实实在在地为祖国和人民尽心尽力作出贡献。

忠诚产生强大的动力，党员干部对于事业的忠诚从根源上来自于对祖国和人民的深厚情感、理性认同。我们要从中国共产党初心和使命的高度，把握实现民族复兴中国梦提出的历史背景、文化渊源、重大意义、内在含义和实践要求，把握忠于祖国与爱国主义历史传统、党的性质和宗旨、党员干部日常工作之间的联系，坚持以辩证唯物主义、历史唯物主义原理深入全面理解忠于祖国的源泉、动力、方式和内容，坚定忠于祖国的信仰信念信心，提高把忠于祖国转化为现实工作动力、工作思路、工作要求的自觉意识和能力，建设牢记初心使命、始终忠国爱国、甘愿担当奉献的铁一般党员干部队伍。

第一节　中国共产党始终把实现中华民族伟大复兴作为历史使命

忠于祖国与爱国主义的历史传统是高度一致的。爱国主义是对于祖国的深厚感情和自觉行动，中华民族具有长期积淀下来的忠国爱国优良传统。中国共产党作为爱国主义的坚定继承者和弘扬者，为实现祖国独立富强和人民幸福作出了卓越的贡献。忠于祖国、弘扬爱国主义精神在当代中国表现为对于实现民族伟大复兴中国梦的不懈追求，对于不断推动当代中国改革发展的现实实践。

（一）爱国主义是中华民族民族精神的核心

国家的阶级性、具体性、历史性、多样性、交融性，决定了忠国爱国从来具有一定的与国家和民族发展状况相适应的内涵。中华文明是世界上最古老而又唯一延续至今的文明。中国的称呼最早可以追溯至商朝。《史记·天官书》中已有记载："其后秦遂以兵来六国，并中国。"中华各民族，在长期的交流融合和沧桑患难中，共同创造了辉煌的中华文明。1902 年，梁启超阐述了中华一词的内涵，他说："立于五洲中之最大洲，而为其洲中之最大国者，谁乎？我中华也；人口之居全地球三分之一者，谁乎？我中华也；四千余年之历史未尝一中断者，谁乎？我中华也。"①

国家和民族一经形成并长期发展，就对所属的人民产生强大的向心力，忠诚爱国就成为人们自然而然的选择。中华民族在长期发展过程中，产生了无数为广大人民所称道效尤的忠国爱国志士，形成了对于民族和国家的深厚绵长的挚爱之情。习近平总书记指出："爱国主义是中华民族精神的核心。爱国主义精神深深植根于中华民族心中，是中华民族的精神基因，维系着华夏大地上各个民族的团结统一，激励着一代又一代中华儿女为祖国发展繁荣而不懈奋斗。5000 多年来，中华民族之所以能够经受住无数难以想象的风险和考验，始终保持旺盛生命力，生生不息，薪火相传，同中华民族有深厚持久的爱国主义传统是密不可分的。"②

团结统一构成中华民族忠国爱国精神的重要内涵。早在先秦时期，中华大地上已经初步产生了大一统观念。诗经中已经有"溥天之下，莫非王土；率土之滨，莫非王臣"的表述。秦汉时期的封建大一统，废除了奴隶制的分封制，建立了郡县制的领土国家和集权国家，确立了以三纲、五常等为价值核心的正统文化，为中国 2000 余年封建大一统局面奠定了基础。对于那些保家卫国的英雄烈士，人们油然而生敬意并以之为榜样。对于那些叛国求荣的汉奸盗贼，人们会产生发自内心的唾弃憎恨。维护民族团结和国家统一，维护安定和谐的社会局面，成为中华民族的共识，成为促进国家和社会不断进步繁荣的重要保证。

中华民族忠国爱国精神体现出以忠诚为核心的思想意识。皇权至上和君国一体的忠君报国论是中国古代政治伦理的重要特点，明道卫道行道成为中国哲学的重要传统。在先秦时期，宗法观念比较盛行，忠于作

---

① 梁启超著：《论中国学术思想变迁之大势》，上海古籍出版社 2001 年版，第 4 页。

② 《人民日报》2015 年 12 月 31 日。

为最高宗族长的诸侯国君主的观念占主导地位。秦汉时期，忠于国家的观念得到大力发展。魏晋时期，公忠体国的思想得以发展。封建社会后期，忠君观念得到统治者的不断强化，但忠于国家思想也随之而不断发展。近代资产阶级革命胜利后，忠于国家的观念更是逐步成为主流。中华人民共和国的成立和新中国建设改革发展的伟大成就，使得人民对于国家的忠诚更成为自觉意识和行为。

中华民族忠国爱国精神还体现出以义为上的价值取向。求仁取义，是中国传统思想的重要内涵。孔子曰："君子义以为上。君子有勇而无义为乱，小人有勇而无义为盗。"孟子曰："生我所欲也，义我所欲也；二者不可得兼，舍生而取义者也。""富贵不能淫，贫贱不能移，威武不能屈"。文天祥甘愿为国捐躯，在《过零丁洋》中写下："人生自古谁无死？留取丹心照汗青"的千古绝唱。一代名臣于谦在国难面前挺前而出，一生为国为民，曾写下"粉骨碎身浑不怕，要留清白在人间"的诗句。鲁迅说："我们从古以来，就有埋头苦干的人，有拼命硬干的人，有为民请命的人，有舍生求法的人，……虽是等于为帝王将相作家谱的所谓'正史'，也往往掩不住他们的光耀，这就是中国的脊梁。"[①] 在义与利、己与他、荣与辱面前，中国人的主流价值取向是极其理性清醒的，具有超越时代的精神魅力，代表了一种崇高向上的大我思想境界，在今天依然具有深远意义。

近代以来，由于受到内忧外患的冲击，中国逐步陷入了半殖民地半封建的窘境，中华民族遭受深重的灾难。一幅令人痛心的《时局图》，把19世纪末中国面临的被帝国主义列强瓜分豆剖的严重危机展现得淋漓尽致。中国人民从来没有放弃，为了民族的生存和解放，为了祖国的独立富强，从鸦片战争起，经历了太平天国运动、中法战争、中日战争、戊戌变法、义和团运动、辛亥革命、大革命、土地革命、抗日战争、解放战争等惊心动魄的斗争，一次次浴血反抗，最终推翻了帝国主义、封建主义和官僚资本主义的反动统治，创建了社会主义的新中国。一部中国近现代革命运动史，就是一部可歌可泣的忠国爱国运动史，从而更加印证了中华民族代代相传忠国爱国精神的强大生命力。

---

① 鲁迅：《且介亭杂文》，辽海出版社2009年版，第122页。

（二）中国共产党是爱国主义的坚定弘扬者

忠国爱国往往需要寻求切合时代需要的实现方式。在五四运动中，中国一大批先进分子站在前头，同帝国主义和封建势力进行了彻底的不妥协的斗争，发挥了先锋和桥梁作用。他们身上表现出深厚的爱国主义精神，与历史上的爱国主义相比较，具有本质的进步和鲜明的时代特征。一部分最有觉悟的中国人率先接受了马克思列宁主义和共产主义理想，找到认识中国、改造中国的强大思想武器，开始与工农大众和中国实际相结合，找到中国革命最深厚的社会力量。在马克思列宁主义同中国工人运动的结合中，中国共产党诞生了，中国的面貌从此焕然一新。

在长期的革命斗争实践中，中国共产党人义无反顾地承担起历史赋予的民族独立和救亡重任，把握国家和民族的走向，总是及时提出实施正确的纲领、口号、理论、路线、方针，总是能够在艰难挫折中纠正失误，成为反对假革命、反对假民主、推进民族解放的最真实最坚决最彻底的爱国主义引领者践行者。正是在中国共产党的领导下，被人视为“一盘散沙”的中国人民团结和凝聚成了万众一心的不可战胜的力量，从精神上由被动转为主动。正是在中国共产党的领导下，中国人民经过28年艰苦卓绝的奋斗和英勇斗争，不可逆转地结束了近代以后中国内忧外患、积贫积弱的悲惨命运，不可逆转地开启了中华民族不断发展壮大、走向伟大复兴的历史征程，使具有5000多年文明历史的中华民族以崭新的姿态屹立于世界民族之林。没有共产党，就没有新中国，这是中国人民依据近代中国革命的历史经验得出的科学结论。

中华人民共和国成立之后，我们党继续带领人民克服困难，开展了大规模的社会主义改造和建设，建立和巩固了社会主义的经济基础和上层建筑，为中华民族成为世界强国之林的一员奠定了基石。改革开放以来，中国共产党团结带领全国各族人民在中国特色社会主义道路上开拓前进，取得了举世公认的伟大成就，中国的面貌发生了举世瞩目的深刻变化，振兴中华的画卷在一步步展开。一部中国共产党历史，可以说也是一部中国共产党领导人民解放、建设、发展国家的传奇创业史，融汇了中国共产党人深沉绵延的忠国爱国情怀。理解中国共产党，理解中国共产党人及其从事的伟大事业，不能不从把握这种内在联系出发。

（三）实现中华民族伟大复兴的中国梦是当代爱国主义的鲜明主题

爱国主义需要一定的可行载体，在不同历史条件下有不同的依托内容和形式。2012 年 11 月 29 日，习近平总书记在参观《复兴之路》展览时，首次提出并阐述了“中国梦”。他指出：“每个人都有理想和追求，都有自己的梦想。现在，大家都在讨论中国梦，我以为，实现中华民族伟大复兴，就是中华民族近代以来最伟大的梦想。这个梦想，凝聚了几代中国人的夙愿，体现了中华民族和中国人民的整体利益，是每一个中华儿女的共同期盼。”①

习近平总书记多次阐述“中国梦”的基本内涵。2013 年 3 月 23 日，他在莫斯科国际关系学院演讲指出：实现中华民族伟大复兴，是近代以来中国人民最伟大的梦想，我们称之为“中国梦”，基本内涵是实现国家富强、民族振兴、人民幸福。两个多月后，他在接受拉美三国媒体联合采访时说：在新的历史时期，中国梦的本质是国家富强、民族振兴、人民幸福。我们的奋斗目标是，到 2020 年国内生产总值和城乡居民人均收入在 2010 年基础上翻一番，全面建成小康社会。到本世纪中叶，建成富强民主文明和谐的社会主义现代化国家，实现中华民族伟大复兴的中国梦。②

2017 年 10 月 18 日，习近平总书记在党的十九大报告中强调中国共产党人的初心和使命，就是为中国人民谋幸福，为中华民族谋复兴。根据中国特色社会主义进入新时代的要求，党的十九大对决胜全面建成小康社会、开启全面建设社会主义现代化国家新征程作出了新部署，提出在解决人民温饱问题、人民生活总体上达到小康水平这两个目标已提前实现的基础上，到建党一百年时建成经济更加发展、民主更加健全、科教更加进步、文化更加繁荣、社会更加和谐、人民生活更加殷实的小康社会，然后再奋斗三十年，到新中国成立一百年时，基本实现现代化，把我国建成社会主义现代化国家。这一战略安排，不仅在时间上加

---

① 《习近平谈治国理政》，外文出版社 2014 年版，第 36 页。
② 《习近平谈治国理政》，外文出版社 2014 年版，第 56 页。

快了实现中国梦的历史进程，而且使得中国梦的目标要求更加全面清晰具体。

在全面深刻阐述中国梦内涵和意义的过程中，习近平总书记十分强调大力弘扬以爱国主义为核心的民族精神来实现中国梦。2013 年 3 月 17 日，他在第十二届全国人民代表大会第一次会议上指出："实现中国梦必须弘扬中国精神。这就是以爱国主义为核心的民族精神，以改革创新为核心的时代精神。这种精神是凝心聚力的兴国之魂、强国之魄。"① 2015 年 12 月 30 日，他在十八届中央政治局第二十九次集体学习时的讲话中指出："伟大的事业需要伟大的精神。实现中华民族伟大复兴的中国梦，是当代中国爱国主义的鲜明主题。要大力弘扬伟大爱国主义精神，大力弘扬以改革创新为核心的时代精神，为实现中华民族伟大复兴的中国梦提供共同精神支柱和强大精神动力。"② 在党的十九大报告中，他强调："今天，我们比历史上任何时期都更接近、更有信心和能力实现中华民族伟大复兴的目标。行百里者半九十。中华民族伟大复兴，绝不是轻轻松松、敲锣打鼓就能实现的。全党必须准备付出更为艰巨、更为艰苦的努力。"③ 这一系列论述阐明中国梦的实现需要全体人民共同参与和实践，需要充分发挥中华民族的精神动力，需要在忠于祖国的广泛行动中产生共同的实际作用。

第二节　忠于祖国是对党员干部的基本要求

党员干部忠于祖国、报效祖国，是从事日常工作的内在动力。爱国是社会主义核心价值观在个人层面上的要求，也是党员干部必须遵循的价值规范。忠于祖国并将之转化为对党和国家事业的热爱，是党员干部党性修养的重要体现。忠于祖国还要求党员干部在新时代敢于担当创业，保持良好的精神状态，在各自本职工作岗位上实实在在地为祖国和人民尽心尽力作出贡献。

---

① 《习近平谈治国理政》，外文出版社 2014 年版，第 40 页。
② 《人民日报》2015 年 12 月 31 日。
③ 《人民日报》2015 年 10 月 28 日。

（一）社会主义核心价值观的内在要求

党的十八大提出要深入开展社会主义核心价值体系学习教育，用社会主义核心价值体系引领社会思潮、凝聚社会共识；提出大力弘扬民族精神和时代精神，深入开展爱国主义、集体主义、社会主义教育；提出倡导富强、民主、文明、和谐，倡导自由、平等、公正、法治，倡导爱国、敬业、诚信、友善，积极培育社会主义核心价值观。党的十九大提出社会主义核心价值观是当代中国精神的集中体现，要发挥社会主义核心价值观对国民教育、精神文明创建、精神文化产品创作生产传播的引领作用，把社会主义核心价值观融入社会发展各方面，转化为人们的情感认同和行为习惯。

忠国爱国反映出人们对于祖国和人民的热烈感情，反映出愿意为祖国和人民而自觉奉献的价值选择。这是一种超越小我、升华价值的根本立场，影响着人们的思想和行为选择。习近平总书记指出："在社会主义核心价值观中，最深层、最根本、最永恒的是爱国主义。"① "爱国，是人世间最深层、最持久的情感，是一个人立德之源、立功之本。孙中山先生说，做人最大的事情，'就是要知道怎么样爱国'。我们常讲，做人要有气节、要有人格。气节也好，人格也好，爱国是第一位的。我们是中华儿女，要了解中华民族历史，秉承中华文化基因，有民族自豪感和文化自信心。要时时想到国家，处处想到人民，做到'利于国者爱之，害于国者恶之'。"② 忠国爱国情感和行动的产生强化，不仅因为我们有着共同的家园，有着共同的祖先和文化，更因为我们有着共同的追求，有着共同的代代相传的事业。

"爱国行为是指人们身体力行，以报效祖国的实际行动来实践自己的爱国情感、爱国深情和爱国卖身，为祖国的繁荣昌盛尽心尽力，多做贡献。"③ 爱国的思想意识能否转化为现实的行动，体现了爱国主义的力量。爱国体现在社会生活的方方面面，体现在一个人日常行为的方方面面。每一个人、每一个党员干部积极参与践行，从小事做起，从细处

① 《人民日报》2014 年 10 月 15 日。

② 《人民日报》2018 年 5 月 3 日。

③ 罗国杰：《思想道德修养》，高等教育出版社 1998 年版，第 143—144 页。

着眼，始终胸怀大局，为党和国家事业尽心尽力，自觉维护祖国和人民的荣誉，自觉以本职工作推进中国特色社会主义各方面事业，就能激发实现中华民族伟大复兴中国梦的强大正能量，唱响新时代爱国主义的主旋律。

（二）党性修养的重要内涵

对祖国的忠诚和热爱对于党员来说有着特殊意义，与党性基本要求是吻合的。党章总纲第一句话就指出："中国共产党是中国工人阶级的先锋队，同时是中国人民和中华民族的先锋队，是中国特色社会主义事业的领导核心，代表中国先进生产力的发展要求，代表中国先进文化的前进方向，代表中国最广大人民的根本利益。"《党章》明确了党在社会主义初级阶段的基本路线："领导和团结全国各族人民，以经济建设为中心，坚持四项基本原则，坚持改革开放，自力更生，艰苦创业，为把我国建设成为富强民主文明和谐美丽的社会主义现代化强国而奋斗。"显然，党的基本性质、党的事业的指向与尽力推动祖国富强昌盛紧密联系在一起。

忠诚于党，心中有党，始终为党，是对党员干部的基本要求。党员干部要把牢政治方向，强化党的意识，强化忠诚意识，时刻想到自己是党的人，时刻不忘自己应尽的义务和责任，为党和国家的工作主动担当作为。习近平总书记指出："全党同志要强化党的意识，始终把党放在心中最高位置，牢记自己的第一身份是共产党员，第一职责是为党工作，做到忠诚于组织，任何时候都与党同心同德。"①

党性修养与忠国爱国的要求从来是相通的。党性意识薄弱，对党的工作漠不关心，很难说是个爱国者。人民的总理周恩来，人格风范举世敬仰，是坚强党性与一生爱国相统一的典范。他少年时就写下"为中华之崛起而读书"的誓言，为了中国革命的胜利作出卓越的贡献。作为长达 26 年的开国总理，从内政到外交、内政中的政治、经济、军事、文化等，他无所不管，日理万机，而且处理每一项工作都十分认真细致，井然有序。他晚年身患癌症，一些同志劝他减少工作量。他说："我们

① 《十八大以来重要文献选编》（上），中央文献出版社 2014 年版，第 766—767 页。

这些人一辈子就是为国家、为人民拉车啊！一息尚存，就得奋斗。”周恩来逝世时，人民群众在十里长街自发送行，设在美国纽约的联合国总部门前的联合国旗降了半旗。从我们党的无数优秀儿女身上可以看出，有了对党和国家事业的赤胆忠诚，时刻牢记践履党的要求，牢记祖国重担，就能不断坚定自身的党性修养，为党和国家事业而奋斗终身。

（三）新时代担当创业的基本素养

忠国爱国需要对党和国家的事业负责，自觉为立国兴国强国作出贡献。随着反对“四风”不断深入、反腐力度不断加大，党的作风建设不断深入，制度建设不断推进，群众和舆论监督的作用愈加突出。这对从政环境和生态产生了强有力的正面导向作用。但在此过程中，也有少数党员干部思想认识发生偏差，个别干部抱怨“为官不易”，调侃“官不聊生”，有的甚至认为干事情就要得罪人，就可能出事，还不如“为官不为”，抱着“只要不出事，宁愿不做事”，甚至“不求过得硬，只求过得去”的态度。这实质是一种权力观的错位、宗旨意识的淡薄，是与党和国家工作大趋势不相适应的极不正常的工作状态，是要着力防范和克服的错误思想。习近平总书记明确指出：“干部敢于担当作为，这既是政治品格，也是从政本分。党的干部要以对党忠诚、为党分忧、为党尽职、为民造福的政治担当，以守土有责、守土负责、守土尽责的责任担当，面对大是大非敢于亮剑，面对矛盾敢于迎难而上，面对危机敢于挺身而出，面对失误敢于承担责任，面对歪风邪气敢于坚决斗争。”①

党员干部不能对人民群众的利益要求麻木不仁，不能对党和国家的事业没有感觉。要克服干与不干一个样、干好干差一个样的心态，对人民负责尽责，进一步增强责任感、使命感，增强一心为民的公仆情怀。只有始终树立对待人民群众的正确态度，树立和践行正确的工作观，才能始终以负责的心态来对待工作、完成工作，真正做到忠于人民、忠于祖国。通过党员干部的引领作用，形成争创实绩的工作价值导向，在工作岗位上尽心尽力、干出实绩，努力为人民群众干实事、干成事，将爱国之情、报国之志转化为实际工作成效，汇聚民族发展和复兴的滚滚

---

① 《求是》2019年第2期。

洪流。

国家和社会需要一种健康、正面的主导文化精神，需要一种影响至日常生活层面的积极国民精神。干事情，干成事，很多时候更需要一种强大精神。担当实干创业是一种现实的价值取向，应该通过教育和引导使之深入人们的头脑和行为中去。党员干部在这方面尤其要起好带头作用，在干工作、创业绩的过程中敢于解放思想，形成崇尚创新的社会氛围，为不断开拓工作新局面而努力。

第三节 忠于祖国要落实到实际行动上

忠于祖国不是空洞的口号、乏力的虚功，而是要尽可能落实到每一个人的实际行动上。党员干部要树立和落实正确的业绩观，时时处处想到国家，为国家和社会发展顾全大局、身先士卒。确立和弘扬正确的人生观，把自身价值与祖国和民族的命运紧密联系起来。既有报国许国的鸿鹄之志，又始终着眼现实、脚踏实地，为祖国富强和人民幸福而奋斗终身。

（一）时时处处想到国家

中国的忠国爱国传统体现了以国家和民族大义为上的无私价值取向，能够自觉把国家和民族利益放在优先位置。从晏婴“利于国者爱之，害与国者恶之”到张载“为天地立心，为生民立命，为往圣继绝学，为万世开太平”、范仲淹“先天下之忧而忧，后天下之乐而乐”再到林则徐“苟利国家生死以，岂因福祸趋避之”，很多仁人志士提倡和践行的甘于并敢于为国家和民族不惜牺牲一切的精神成为民族精神传统的内在因素，为广大人民所传颂和效仿。在这种精神视野中，敢为天下先不仅是人们景仰的观念，而且转化为争相经世致用的行为规范。

中国共产党继承了中华民族的忠国爱国传统，带领人民经历无数艰辛走出了一条符合中国实际的革命道路，展现了爱国主义的磅礴伟力。革命老人谢觉哉说得好：“爱国的主要方法，就是要爱自己所从事的事业。”瞿秋白在红军长征时留在瑞金坚持游击战争，1935 年 2 月 24 日被捕后，不为敌人任何引诱所动，写完绝笔诗从容就义时年仅 36 岁。

1950年12月31日，毛泽东在为《瞿秋白文集》题词中说："他在革命困难的年月里坚持了英雄的立场，宁愿向刽子手的屠刀走去，不愿屈服。他的这种为人民工作的精神，这种临难不屈的意志和他在文字中保存下来的思想，将永远活着，不会死去。"①

把忠国爱国意识和行动转化为现实动力，必须坚持一切从实际出发、掌握实情，杜绝主观主义、空想主义，清醒认识和准确把握我国社会主义初级阶段的基本国情。经过新中国70年的发展，现在人口总量已达到13亿多，GDP总量已居世界第二位。要解决这么多人口的全面小康和富裕问题，是非常艰巨复杂的历史任务，依然需要长期的艰苦奋斗。我们各地区的生产力发展水平存在较大差距，发展不平衡问题比较突出。我们的发展总量、人均量特别是质量都还需要进一步增加改善。始终牢记和准确把握这个基本国情非常重要。

对于党员干部来说，不仅要善于从总体上把握国情，把握和实施国家的总体方略，而且要善于结合本地区本部门的实际情况，提出和实施符合各自实际的对策思路。各级领导干部一定要做有心人，从党、国家和人民前途命运的高度时刻关注一些重大理论和现实问题，深入全面把握和运用党的思想理论所体现的精神和方法，以辩证的科学态度分析每一个问题所面临的具体形势，找准要解决的突出问题，并力求提出解决具体问题的新思路，在切实推进经济社会又好又快发展的实践中使党的思想理论、战略方略得到检验、落实和完善。要深入群众，深入实际，深入基层，对本地区本部门的优势劣势、存在的问题有全面深刻的了解。要集思广益，抓住关键，以点带面，认真解决制约本地区本部门发展的重点问题。对上级指示和决议，要同本地区本部门的实际结合起来，创造性地贯彻执行。这样，才能把各地区各部门发展与党和国家发展大局充分结合起来，在各行各业充分发挥奉献精神，时时处处以心许国、以行壮国、以身报国。

（二）把自己的人生同民族的命运紧密联系在一起

个人的力量总是有限的，个人的价值只有融入国家和民族的历史命

① 《毛泽东文集》第6卷，人民出版社1999年版，第128页。

运才能放大，才更具有真正的意义。党员干部奉行忠国爱国精神，就是把自身的人生追求放到国家和民族的命运高度，从而产生源源不绝的精神动力。

注重处理好近期利益与长远利益的关系。不能只顾眼前利益，损害群众的长远利益，也不能借口抓长远发展而忽视解决群众眼前的困难。习近平总书记指出："很多时候，有没有新面貌，有没有新气象，并不在于制定一打一打的新规划，喊出一个一个的新口号，而在于结合新的实际，用新的思路、新的举措，脚踏实地把既定的科学目标、好的工作蓝图变为现实。"[①] 处理好长远利益与眼前利益、国家利益与个人利益的辩证统一关系，对于解决一些领导干部在工作中存在的急功近利倾向，具有重要指导意义和现实针对性。

敢于解决现实问题。当国家有难时，需要人们挺身而出。当社会有问题时，不能熟视无睹。忠国爱国必然体现为对于现实问题的正视和解决。习近平总书记指出，要学习掌握事物矛盾运动的基本原理，不断强化问题意识，积极面对和化解前进中遇到的矛盾。我们党领导人民干革命、搞建设、抓改革，从来都是为了解决中国的现实问题。我们提出要协调推进全面建成小康社会、全面深化改革、全面依法治国、全面从严治党，是当前党和国家事业发展中必须解决好的主要矛盾。我们既要注重总体谋划，又要注重牵住"牛鼻子"。在任何工作中，我们既要讲两点论，又要讲重点论，没有主次，不加区别，眉毛胡子一把抓，是做不好工作的。[②]

发扬钉钉子的精神。为官一方，为政一时，当然要大胆开展工作、锐意进取，同时也要保持工作的稳定性和连续性。要真正做到一张好的蓝图一干到底，切实干出成效来。要有钉钉子的精神，一锤一锤接着敲，直到把钉子钉实钉牢，钉牢一颗再钉下一颗，不断钉下去，必然大有成效。一张好的蓝图，只要是科学的、切合实际的、符合人民愿望的，就要一茬一茬接着干。当然，实践是不断发展的，我们的认识和工作也要与时俱进，看准了的要及时调整和完善，但不要换一届领导就兜

① 中共中央文献研究室编：《习近平总书记重要讲话文章选编》，中央文献出版社、党建读物出版社 2016 年版，第 29 页。

② 《求是》2019 年第 1 期。

底翻，更不要为了显示所谓政绩去另搞一套，多做打基础、利长远的事，不搞脱离实际的盲目攀比，不搞劳民伤财的“形象工程”“政绩工程”，真正做到对历史和人民负责。

（三）把爱国之情、报国之志融入祖国改革发展的伟大事业之中

对于祖国和人民的热爱，不能成为无力的呐喊，而必须能够产生强大的精神动力和支撑，转化为内在的积极精神状态和工作态度。1991年2月20日，在福州市委工作会议上，习近平同志第一次向全市干部明确提出，要大力提倡“马上就办”的工作精神，“进万家门、知万家情、解万家忧、办万家事”。这四句暖心、贴心的话，彰显了中国共产党为人民服务的根本宗旨，回答了“‘马上就办’为了谁”的基本问题。马上就办，四进万家，就是这样实实在在的执政理念体现了领导干部干事创业的积极状态。

党员干部必须自觉全面贯彻落实党和国家的路线方针政策。习近平总书记强调：“遵守党的政治纪律，最核心的，就是坚持党的领导，坚持党的基本理论、基本路线、基本纲领、基本经验、基本要求，同党中央保持高度一致，自觉维护中央权威。”① 在指导思想和路线方针政策以及关系全局的重大原则问题上，全党必须在思想上政治上行动上同党中央保持高度一致。各级党组织和领导干部要牢固树立政治意识、大局观念、核心意识、看齐意识，正确处理保证中央政令畅通和立足实际创造性开展工作的关系，任何具有地方特点的工作部署都必须以贯彻中央精神为前提。要防止和克服地方和部门保护主义、本位主义，决不允许“上有政策、下有对策”，决不允许有令不行、有禁不止，决不允许在贯彻执行中央决策部署上打折扣、做选择、搞变通。

发展始终是党执政兴国的第一要务。聚精会神搞建设，一心一意谋发展，全面深化改革，不下真功夫、苦功夫、实功夫是不行的。所有党员干部都要保持昂扬向上的精神状态，发扬百折不挠的斗志，扎扎实实地做好各项工作，加快实现新时代强起来的一系列战略。要坚持实发扬

① 《十八大以来重要文献选编》（上），中央文献出版社2014年版，第132页。

共产党人的革命精神和坚持科学务实态度的统一，脚踏实地，埋头苦干，讲实效，办实事，实现不含水分的发展。要不畏艰难，奋力拼搏，勇于开拓，善于创新，在带领群众战胜困难的过程中，全面做好改革发展稳定的各项工作。

第四节 忠于祖国与忠于党、忠于社会主义是一致的

在当代中国，忠于祖国与忠于党、忠于社会主义是不可分离的。爱国主义最终汇流于坚持和发展中国特色社会主义，调动一切力量促使国家和民族不断发展强盛。同时，忠于祖国与党性的要求是相通的，必须时刻自觉维护党的领导地位和党的威信，忠于党的纪律要求和路线方针政策。这些要求都是长期的、任何时候不可动摇的，必须内化为党员干部经得起考验的过硬的自觉意识和行动。

（一）爱国主义最终汇流于中国特色社会主义

1938年，毛泽东在《中国共产党在民族战争中的地位》中提出，爱国主义有正义与非正义两种类型。新中国成立初期，毛泽东根据不同阶级对新中国的态度，在1953年召开的中央人民政府委员会第二十七次会议期间对爱国主义作了划分，认为爱国主义有真爱国主义、假爱国主义和半真半假、动摇的爱国主义三种类型。毛泽东提出了“爱国主义的具体内容，看在什么样的历史条件之下来决定”[①] 的著名论断。

社会主义制度在我国确立以后，爱国主义就与社会主义密不可分。首先，两者在基本内容、根本目标上是一致的，两者都把维护国家的独立、统一和强盛作为自己的基本内容和根本目标，不存在内在的冲突。其次，爱国主义不是抽象的，它总是同国家的具体制度联系在一起，中国特色社会主义的成功充分展现了爱国主义的力量。爱国中的“国”是什么样的“国”，这是任何时候都不能混淆的大是大非问题。邓小平指出：“有人说不爱社会主义不等于不爱国，难道祖国是抽象的吗？不爱共产党领导的社会主义的新中国，爱什么呢……社会主义的爱国主义，

① 《毛泽东选集》第2卷，人民出版社1991年版，第520页。

理所当然首先就要求人们热爱社会主义的国家政权和社会制度。”① 爱国主义和爱社会主义是密不可分的命运共同体，是近代以来中国历史证明了的真理性结论，也是改革开放以来中国特色社会主义的历史性发展证明了的真理性结论。再次，爱国主义为中国特色社会主义提供重要的精神动力和充分的群众基础，中国特色社会主义为爱国主义提供正确的政治方向和有力的政治保证，二者具有相互包含、相互依存、相互促进的辩证关系。

在全球经济社会发展处于深度调整之时，中国特色社会主义取得一系列新的巨大成就。当前，坚持和发展中国特色社会主义、实现中华民族伟大复兴的中国梦已成为爱国主义的鲜明主题。习近平总书记指出："我国爱国主义始终围绕着实现民族富强、人民幸福而发展，最终汇流于中国特色社会主义。祖国的命运和党的命运、社会主义的命运是密不可分的。只有坚持爱国和爱党、爱社会主义相统一，爱国主义才是鲜活的、真实的，这是当代中国爱国主义精神最重要的体现。今天我们讲爱国主义，这个道理要经常讲、反复讲。”② “无论过去、现在还是将来，对马克思主义的信仰，对中国特色社会主义的信念，对实现中华民族伟大复兴中国梦的信心，都是指引和支撑中国人民站起来、富起来、强起来的强大精神力量。”③

（二）忠于祖国就要自觉坚定维护党的威信

中国共产党对于坚持、发扬和厚植爱国主义作出了独特贡献。邓小平说：“中国在世界上的地位，是在中华人民共和国成立以后才大大提高的。只有中华人民共和国的成立，才使我们这个人口占世界总人口近四分之一的大国，在世界上站起来了，而且站住了。还是毛泽东那句话：‘中国人民从此站立起来了’。”“也只有在中华人民共和国成立以后，才真正实现了全国（除台湾外）的统一。旧中国军阀混战时期不必说了，就是国民党统治时期，国家也没有真正统一过，像对山西、两广、四川等地，都不能算真正统一。没有中国共产党，不进行新民主主

---

① 《邓小平文选》第2卷，人民出版社1994年版，第392页。

② 《光明日报》2015年12月31日。

③ 《人民日报》2018年12月19日。

义革命和社会主义革命，不建立社会主义制度，今天我们的国家还会是旧中国的样子。”① 坚定承认和维护党的威信，是历史的选择，也是现实的要求。

没有坚强领导核心的事业是不可靠的。党员干部忠于祖国，就要牢记誓言，自觉维护党的威信，不断增强看齐意识，这是党和国家事业发展的一条重要经验。1945 年 4 月，毛泽东同志在党的七大预备会议上强调：“要知道，一个队伍经常是不大整齐的，所以就要常常喊看齐，向左看齐，向右看齐，向中看齐。我们要向中央基准看齐，向大会基准看齐。看齐是原则，有偏差是实际生活，有了偏差，就喊看齐。”② 经常讲看齐，使全体党员干部团结在党的旗帜下，不断解放思想、实事求是、与时俱进，就能使我们党始终发挥集中统一领导的特点和优势，齐心协力战胜来自各个方面的挑战和风险，党和国家的面貌、人民群众的生活水平不断迈上新的台阶。

坚持党的全面领导，要求全面加强党的纪律建设。诸多腐败分子的堕落，无一不是从踩踏纪律的红线开始的，他们在反思自身行为时谈得最多的就是从思想上和行为上背叛了对党和国家的原初承诺。党的十八大以来，我们党从作风建设起步，打响了一场全面从严治党的人民战争，全党作风面貌为之一新，党员干部的纪律意识明显增强。习近平总书记在十八届中央纪委第二次全会上强调严明党的政治纪律，指出，“政治纪律是最重要、最根本、最关键的纪律，遵守党的政治纪律是遵守党的全部纪律的重要基础。”③ 党章是党的根本大法，是全党必须遵循的总规矩，是政治纪律的最重要依据。党员干部要牢固树立党章意识，不论担任何种职务、从事何种工作，都要牢记自己是一名在党旗下宣过誓的共产党员，牢记党章的所有要求，自觉用党章来约束自己。任何时候任何情况下都要做到政治信仰不变、政治立场不移、政治方向不偏，决不允许有令不行、有禁不止，决不允许各自为政、阳奉阴违。

---

① 《邓小平文选》第 2 卷，人民出版社 1994 年版，第 263 页。

② 《毛泽东文集》第 3 卷，人民出版社 1996 年版，第 297—298 页。

③ 《习近平关于党风廉政建设和反腐败斗争论述摘编》，中央文献出版社、中国方正出版社 2015 年版，第 30 页。

（三）忠于祖国是长期的要求

对于祖国的感情发自内心，不会随时间的流逝而消逝，而是自觉渗透到自己的思想深处和长期行动中去。爱国没有过去时、完成时，只有现在时、进行时。忠于祖国，不是表现为一时一处的言语或行为，而是在长时期内从不动摇的理性认识和实践，是将对祖国的爱转化为在任何特殊时刻都不会改变、一以贯之的鲜明价值立场和行动导向。党员干部对于祖国和人民的忠诚，就体现在努力为人民服务的日常工作中，体现为长期无私奉献、殚精竭虑的忠心。

能否长期忠于祖国，在新时代面临的挑战是巨大的。在一些人的潜意识中，对于祖国和人民感情的认识存在模糊误区，有人认为爱国无关论、自然论、虚假论等，在重大考验时刻，这种思想意识的危险性是可想而知的。20 世纪 80 年代末以来，世界上一些国家和地区长期执政的老党、大党先后失去了执政地位，如苏联共产党执政 74 年失去政权、墨西哥革命制度党连续执政 71 年惨遭失败。这些执政党之所以衰亡失败，原因很多，其中的根本原因是党和国家的内部出了问题，特别是苏共的失败表明，即使是长期执政的共产党，也同样存在着失去人民群众支持的危险，存在着亡党亡国的危险。不从根本上解决立党为公、执政为民的问题，不是一以贯之地坚持为人民掌好权、用好权，就会危及党的执政地位、影响国家政权的性质，就会影响人心向背，在无形中滑向自我毁灭、人亡政息的边缘。

党员干部无论职位高低、能力大小，都要把党和人民的工作当作崇高而伟大的事业来对待，当作神圣的使命来追求，以强烈的事业心和责任感投身于各项工作中去。脚踏实地而不飘浮虚荣，积极进取而不循规蹈矩，尽最大努力履行好自身应有的职责，创造无愧于时代和人民的光荣业绩。共产党人的事业，不是一般的事业，而是为实现最广大人民群众的根本利益而不断奋斗、长期努力。马克思青年时的一句名言是："如果我们选择了最能为人类福利而劳动的职业，那么，重担就不能把我们压倒，因为这是为大家而献身；那时我们所感到的就不是可怜的、有限的、自私的乐趣，我们的幸福将属于千百万人，我们的事业将默默地、但是永恒发挥作用地存在下去。”①

在推进“四个全面”、统筹“五位一体”、全面建成小康社会、实现中国梦进入决定性阶段的关键时期，全党必须警醒起来，增强紧迫感和责任感，牢记执政兴国的根本使命，牢记“生于忧患，死于安乐”的格言，牢记祖国和民族的重任，认真应对“四大危险”“四大考验”，着力解决好“其兴也勃焉，其亡也忽焉”的历史性课题，进一步增强党要管党、从严治党的自觉，提高党的执政能力和领导水平，提高党拒腐防变和抵御风险能力，提高党的凝聚力战斗力，增强党自我净化、自我完善、自我革新、自我提高能力，以从严从实从细的作风保障中国特色社会主义事业不断开创新局面，以更加积极有效的作为将中华民族伟大复兴的蓝图一步一步变为现实。

① 《马克思恩格斯全集》第 40 卷，人民出版社 1982 年版，第 5 页。

第五章

进了党的门，就是党的人

——对党忠诚是最基本的政治要求

本章提要

党的十八大以来，习近平总书记反复强调对党忠诚问题。对党忠诚是党章对党员的基本要求，要害在“绝对”两个字，必须纯粹，必须体现到对党组织的忠诚上。要做到唯一、彻底的、无条件的、不掺任何杂质的、没有任何水分的忠诚，必须对党高度信赖，做到热爱党、拥护党、永远跟党走。

党的十八大以来，习近平总书记反复强调对党忠诚问题。2019年3月1日，习近平总书记在中央党校（国家行政学院）中青年干部培训班开班式上强调，对党忠诚，就要增强“四个意识”、坚定“四个自信”、做到“两个维护”，严守党的政治纪律和政治规矩，始终在政治立场、政治方向、政治原则、政治道路上同党中央保持高度一致。这种一致必须是发自内心、坚定不移的，任何时候任何情况下都要站得稳、靠得住。

第一节　对党忠诚是党章对党员的基本要求

对党忠诚是党员的基本义务，党章中明确规定，共产党员要“对党忠诚老实，言行一致”。

1921年，中国共产党第一次全国代表大会通过的《中国共产党纲领》一共只有15条，其中就已经包含着对党忠诚的要求。在党员的入党要求中就明确提出成为我们的同志的前提就是承认本党党纲和政策，并愿成为忠实的党员者。

建党之初，我们党就不乏忠诚者。比如说中共一大代表邓恩铭就是对党忠诚的楷模。1921年7月，来自贵州省荔波县、年仅20岁的邓恩铭出席了中国共产党第一次全国代表大会，与毛泽东、董必武等其他11名代表一样成为中国共产党的创始人之一。此后，他在山东等地积极从事党的组织、宣传和工运工作。1925年11月7日，邓恩铭因组织领导罢工被捕入狱。在狱中，他被重刑审讯，遍体鳞伤。此时他已患上了严重的肺结核，但他始终咬紧牙关、一声不吭。所幸当时他化名“黄伯云”，敌人并不知道他的真实身份，在两名当官的贵州同乡的担保下，邓恩铭得以“保外就医”。他叔父劝诫他，“以后不得参与政事，只可悉心养病”，但刚能下床走动，他便又进入学校、工厂，开展工作。1929年1月7日晚，他从淄博矿区赶到济南，来到商埠纬一路的一条胡同，同负责党的秘密联络工作的余修同志碰头，他说：“王复元叛变投敌，他知道你的身份和你目前的活动，现在情况紧急，你必须马上离开这里，不能迟于明天清晨。”并嘱咐余修把重要文件马上毁掉。余修希望邓恩铭和自己一同转移，但被邓恩铭回绝了。邓恩铭为保护和安置济南一大批革命力量，在他人安危和个人生死面前，他选择了前者。1月9日，他不幸落入敌人手中。起初，邓恩铭虽多次残酷审讯，但并未暴露。他主动担负起领导狱中斗争的艰苦重任，组织成立狱中党支部，有组织、有计划地开展狱中斗争。邓恩铭与狱中党员认真分析形势后，前后组织两次越狱。7月21日晚的第二次越狱，在邓恩铭的指挥下，难友们有计划地控制了两道大门，同敌人展开激烈搏斗，难友们伺机冲上大街，分路疏散。由于邓恩铭受刑过重，身体虚弱、行动困难，他被敌人捕回打入死牢。1930年10月，国民党山东省政府主席韩复榘任命张苇村为审判长，审讯共产党人。由于张苇村是国民党元老，对邓恩铭十分熟悉，很快识出了化名“黄伯云”的邓恩铭，在审讯室里直呼“邓恩铭”。邓恩铭冷笑一声，捋了一把杂乱的头发，昂首说道：“是，我就是中国共产党党员邓恩铭!”1931年4月5日，邓恩铭同其他21名共产党员被押往济南纬八路刑场执行枪决，年仅30岁的邓恩铭英勇就义。邓恩铭怀抱着通过共产主义救中国人民于水火的伟大志愿，为党组织的建立和发展、为革命事业做出了重要贡献。这位有着钢铁般意志的年轻人，用一腔热血生动诠释了共产党人对党忠诚的伟大品格。

中共二大通过中国共产党历史上第一个党章，再次将忠诚写入党章。这个党章一共29条，其中第一章第一条在规定入党条件时，再次将党员的忠诚写进去了。指出“凡承认本党宣言及章程并愿忠实为本党服务者，均得为本党党员”。

1927年，毛泽东同志在新党员的入党誓词中，第一次加入“永不叛党”，后载入党章保留至今。“永不叛党”是检验对党是否绝对忠诚的试金石，深刻阐明了忠诚的底线。中国共产党党员夏明翰同志就在生与死抉择中用生命诠释了什么叫“永不叛党”，什么叫对党的绝对忠诚。

“砍头不要紧，只要主义真。杀了夏明翰，还有后来人!”这是夏明翰在被国民党反动派杀害前，写的一首气壮山河的就义诗，一直为人们所传颂，这是一首闪耀着绝对忠诚的耀眼光芒的诗。

1917年春，夏明翰考入湖南省立第三甲种工业学校。在校期间，他追求进步，积极参加反对北洋军阀的斗争。1919年五四运动波及湖南，夏明翰和同学们走出校门，开展大规模的爱国宣传活动，声援北京学生的反帝反封建斗争。1920年秋，经过五四运动洗礼的夏明翰来到长沙，结识了毛泽东。1921年冬，经毛泽东、何叔衡介绍，夏明翰加入中国共产党。入党后，夏明翰在长沙从事工人运动，参与领导了人力车工人罢工斗争。1926年2月，夏明翰被党调到武汉工作，担任全国农民协会秘书长，兼任毛泽东和中央农民运动讲习所秘书。1927年4月12日，蒋介石发动反革命政变。夏明翰听闻消息，悲愤地写道："越杀胆越大，杀绝也不怕。不斩蒋贼头，何以谢天下！"1928年年初，夏明翰被党调到湖北工作，任中共湖北省委常委。由于叛徒的出卖，同年3月18日他不幸在武汉被敌人逮捕。3月20日清晨，他被敌人押送到汉口余记里刑场。当敌执行官问夏明翰还有什么话要说时，他大声说："有，给我拿纸笔来！"于是，夏明翰写下了上述那首大义凛然的就义诗。为了中国人民的革命事业，夏明翰悲壮地牺牲了，时年仅28岁。夏明翰的一生是短暂的，但是是忠诚的一生。夏明翰烈士牺牲90多年了，他立志图强的祖国发生了翻天覆地的变化，而其忠诚的精神历久弥新，感召和激励着一代又一代"后来人"。

我们党经历了90多年的风风雨雨，其间，对于什么样的人可以入党，在不同历史时期有不同的要求，但是忠诚是永远不变的要求。可以说，对党忠诚伴随着中国共产党的诞生、发展、壮大和辉煌。

2017年，中国共产党第十九次全国代表大会修订的党章延续了忠诚这一优良传统，再次明确了要对党忠诚。新党章将"对党忠诚老实，言行一致"明确为党员的义务。同时，也讲对党忠诚写入入党誓词，并将之作为领导干部的基本要求，而且是首要的要求。

革命战争年代，我们不乏忠诚的党员，新时代，我们同样拥有一批这样的同志。2018年8月20日，大连地区遭遇"温比亚"台风的强烈袭击，位于中国船舶重工集团有限公司第七六〇研究所码头的试验平台和平台上4名值班人员危在旦夕。该所副所长黄群同志、试验平台负责人宋月才同志、机电负责人姜开斌同志当机立断，决定到码头捆绑加固试验平台，保护国家财产安全，救援被困的 4 名同志。作业过程中，黄群、宋月才、姜开斌被巨浪卷入海中，英勇牺牲。他们以实际行动践行了入党时的铮铮誓言，在狂风巨浪中唱响忠诚之歌。我们要以英雄为榜样，坚定理想信念，不忘初心、牢记使命，履职尽责、许党报国；发挥共产党员的先锋模范作用，攻坚克难、真抓实干，当先锋、担重任、作表率，用实际行动创造无愧于党和人民的一流业绩，用一流的业绩阐释什么叫忠诚。

第二节　对党忠诚要害在“绝对”两个字

习近平总书记强调：“对党绝对忠诚要害在‘绝对’两个字，就是唯一的、彻底的、无条件的、不掺任何杂质的、没有任何水分的忠诚。”当前，我们党正在团结带领全国各族人民为全面建成小康社会、实现“两个一百年”伟大目标而奋斗。如果广大党员干部不能做到对党绝对忠诚，不能与党中央保持高度一致，就会破坏党的团结统一，就会严重影响党的凝聚力和战斗力，我们党就难以战胜各种风险挑战，难以团结带领人民实现中华民族伟大复兴的中国梦。所以，对党绝对忠诚是党章对党员的基本要求，也是党和人民的事业顺利发展的保证。

对党忠诚是必须是唯一、彻底的、无条件的、不掺任何杂质的、没有任何水分的忠诚，是因为对党忠诚是所有忠诚中最高境界的忠诚。忠诚是人的一种优良品质，不管是对家人、朋友，还是组织，我们都应做到忠诚。《婚姻法》也规定夫妻应当互相忠实，互相尊重。但与对家人、朋友和组织的忠诚相比，党员干部对党的绝对忠诚是一种更高境界的忠诚，是唯一的忠诚。这种唯一体现在党员只有做到对党绝对忠诚，才能实现追求个人价值与意义、追求国家发展与进步、追求人类进步与理想三者的完美结合。因而，这种忠诚具有最崇高、最神圣的内涵。不管是革命战争年代还是改革发展时期，这一点都是不变的。1950 年，中国人民志愿军 20 军奉命紧急赴朝作战，因为长期驻防江浙地区，部队来不及配发冬装。11 月 28 日，在长津湖战役中，我 59 师 177 团六连奉命固守死鹰岭高地，结果穿着单衣的 125 名官兵全部冻死在死鹰岭高地上。漫天风雪中，他们牺牲后仍然持枪俯卧战壕，保持着战斗姿势，仿佛是一群随时准备跃起的冰雕。正是以绝对忠诚作支撑，志愿军将士才能在实力极为悬殊的情况下毅然长剑出鞘、保家卫国，才能千里赴戎机，去赢得胜利！

今天，我们党正在为国家富强、人民幸福而奋斗，为实现中华民族伟大复兴而奋斗。这些奋斗目标是当今中国最崇高、最神圣的追求。党员干部在践行对党绝对忠诚的过程中，可以使个人的才干与美德在最崇高的层面上获得认可与证明，使个体生命的价值在最神圣的层面上得到实现。90 多年来，正是因为千千万万党员干部对党绝对忠诚，唯一忠诚，我们党才具有无往而不胜的强大力量，党和人民的事业才不断发展壮大。方志敏在狱中面对敌人的百般诱降和严刑逼供，依然坚定信念："我能舍弃一切，但是不能舍弃党。"赵一曼面对敌人残酷暴行，至死不改信念。刘胡兰不畏血淋淋的铡刀，宁死不泄露党的秘密。焦裕禄即使在他生命的最后一刻，想的仍然是"党交给的任务"，用生命诠释了心中有党、对党唯一忠诚。杨善洲把"随时为党和人民的事业牺牲一切"作为自己的铮铮誓言，六十年如一日恪守信念，用无私奉献谱写出对党唯一忠诚的壮歌。

新形势下，党员干部必须牢记习近平同志提出的"全党同志要强化党的意识，牢记自己的第一身份是共产党员，第一职责是为党工作，做到忠诚于组织，任何时候都与党同心同德"。唯有如此，党员干部对党绝对忠诚才能成为经得起考验的忠诚。

要做到唯一、彻底的、无条件的、不掺任何杂质的、没有任何水分的忠诚，必须对党高度信赖，做到热爱党、拥护党、永远跟党走。习近平同志指出："坚持对党绝对忠诚，必须对党高度信赖，做到热爱党、拥护党、永远跟党走。"南昌起义时，贺龙还不是共产党员，却担任总指挥。起义失败后，贺龙多次要求加入共产党。在入党宣誓仪式上，党代表严肃地问：请你如实回答你的动产、不动产、现金还剩多少？贺龙答：我什么都没有了。又问：你的社会关系呢？贺龙答：参加革命后不来往了。假如没有忠诚，时为一军之长的贺龙还会在共产党人处境最艰难、革命处于低潮的时候，义无反顾地抛弃高官厚禄和荣华富贵，"大路不走走小路，皮靴不穿穿草鞋"，与党患难与共、对党忠贞不渝吗？

在实践中，党员做到对党绝对忠诚，必须做到在党爱党、在党言党、在党忧党、在党为党。据不完全统计，1921 年到 1949 年，在我们党领导的革命中牺牲的有名可查的烈士达 370 万人。“石可破也，而不可夺坚；丹可磨也，而不可夺赤。”胸有忠心，就能入火海而不退缩、遇烟雾而不迷失、出淤泥而不沾染、临诱惑而不动摇。对党忠诚始终是共产党人砥砺前行的座右铭、大义凛然的正气歌，党的事业靠千千万万党员的忠诚奉献而不断向前发展。中华民族伟大复兴绝不是轻轻松松、敲锣打鼓就能实现的，全党必须准备付出更为艰巨、更为艰苦的努力，不断强化对党的认同感、归属感，胸怀高度的责任感、使命感和担当精神，努力为党的事业多作贡献。全国广大共产党员要始终在党爱党、在党为党，心系人民、情系人民，忠诚一辈子，奉献一辈子，以自己的实际行动，团结带领亿万人民为实现“两个一百年”奋斗目标、实现中华民族伟大复兴的中国梦而共同奋斗。

党员干部要做到对党绝对忠诚，对党高度信赖，做到热爱党、拥护党、永远跟党走，必须做到心怀坦荡、光明磊落、表里如一。党的十八大以来，党中央深入推进反腐败斗争，一些领导干部违法违纪事实暴露出来的对党不忠诚问题必须引起高度重视。这些腐败分子口头上忠诚、行动上不忠诚，表面上忠诚、内心里不忠诚，对别人要求忠诚、对自己要求“做聪明人”。解决这一问题，必须要加强道德修养。很难想象，一个心理阴暗、阳奉阴违、道德败坏的人能够对党绝对忠诚。现实生活中，一些党员干部腐化堕落，背叛党、背叛人民，很大程度上就是因为在道德修养上出了问题。习近平同志指出：“党员干部特别是领导干部务必把加强道德修养作为十分重要的人生必修课，自觉从中华优秀传统文化中汲取营养，老老实实向人民群众学习，时时处处见贤思齐，以严格标准加强自律、接受他律，努力以道德的力量去赢得人心、赢得事业成就。”这就要求党员干部高度重视个人道德修养，带头弘扬社会主义核心价值观，自觉讲诚信、守纪律、懂规矩，襟怀坦白、言行一致，真正做到里里外外一个样、人前人后一个样、台上台下一个样。只有不断提高道德修养，坚决反对口是心非、虚情假意，党员干部才能真正做到对党绝对忠诚。联系到周永康、薄熙来、令计划、郭伯雄、徐才厚等负面案例，他们的共性是口是心非、阳奉阴违，搞帮派、搞小圈子，把对党忠诚变成了对个人、对团伙忠诚，甚至把别人行贿送钱看成是“忠诚”。显然，他们不但把“忠诚”二字玷污了，而且严重扭曲了。

第三节　对党忠诚必须纯粹

习近平总书记在中共中央政治局深入学习领会十八届六中全会精神专题民主生活会的重要讲话中指出，在对党忠诚问题上，中央政治局的同志必须纯粹。对党忠诚，不是抽象的而是具体的，不是有条件的而是无条件的，必须体现到对党的信仰的忠诚上，必须体现到对党组织的忠诚上，必须体现到对党的理论和路线方针政策的忠诚上。这不仅是对中央政治局同志要求，也是对全党的要求，更是向党中央看齐的重要标志。所以，对党忠诚“必须纯粹，不能有丝毫杂质，不能有丝毫虚假。对党忠诚不是抽象的而是具体的，不是有条件的而是无条件的，不能停留在口头上”，可以说，“纯粹对党忠诚”既是党建迫切解决的重大课题，也是保持党的先进性和纯洁性的关键所在。

对党忠诚是我党的立党原则，在建党初期就写在了党旗上，为何总书记现在特别强调对党忠诚要“纯粹”呢？其针对的主要问题是：一是篡改忠诚的内涵，少数伪忠诚的人把对党的忠诚塞进个人需要的杂质，打着组织的旗号为所欲为，将自己与党组织画等号，以对自己的忠诚代替对党的忠诚，使忠诚变质变味；二是忠诚出现扭曲，对党忠诚须是发自内心的高度自觉，体现对党初心如一的理想、信念、价值观，而少数党员理想信念动摇，价值观扭曲，误把形式主义、教条主义当作对党的忠诚，败坏党的声誉；三是忠诚对象发生错位，对党忠诚必须是忠于党组织，不是紧跟某个人，依附某个人，而一些人却把党内依附视为对党的忠诚，出现了团团伙伙的帮派圈圈，严重破坏党内政治生态；四是忠诚出现亵渎现象。有些人把喊空口号、摆花架子，把无所作为的循规蹈矩当作对党的忠诚，实在是对忠诚的亵渎。习近平总书记所说的纯粹对党忠诚，就是落实在维护党中央的权威、紧跟党中央的战略部署的具体行动上，实现对党的忠诚与对党的事业忠诚的一致性、与对人民和国家忠诚的一致性，而对党忠诚的最直接、最有力、最有效的表现，就是把党的温暖送到群众手中，创造落实党的路线方针政策的光辉业绩，为党增光添彩。所以，我们要深刻领会习近平总书记所说的“必须纯粹，不能有丝毫杂质，不能有丝毫虚假。对党忠诚不是抽象的而是具体的，不是有条件的而是无条件的，不能停留在口头上”。

忠诚“必须纯粹，不能有丝毫杂质，不能有丝毫虚假”。纯，即纯真、纯正、纯朴，无其他成分和异类的掺杂、无其他物和异质的掺和、无任何添加和替代；粹，即粹美、粹雅、粹质，无任何异物的纯一、无任何掺假的质粹以及发挥到极致的精粹。

纯粹作形容词时，表达体现事物本质的纯正不杂、精纯完美，纯真而无邪念、纯净而无异质，以喻真挚无二心；纯粹作副词时体现全然、全力、绝对之意。纯粹用之于忠诚，就是没有任何条件的绝对忠诚，没有任何邪念的全心忠诚，没有任何瑕疵纯真忠诚。

“对党忠诚不是抽象的而是具体的”，岗位不一样，但是忠诚是一样的，我们要在具体的岗位上、具体的工作中、点滴小事上体现出忠诚。习近平总书记在全国组织工作会议上，在讲做好年轻干部工作时，提到，优秀年轻干部必须对党忠诚，坚持走中国特色社会主义道路。党的十八大以来我们查处了一大批高级干部，有的还是党和国家领导层的干部。他们哪里像党的高级干部，连做普通党员都不配！关键的问题就是他们对党忠诚出了问题。我们挑选优秀年轻干部，千条万条，第一条就是看是否对党忠诚；我们培养优秀年轻干部，千条万条，第一条就是教育他们对党忠诚，坚决防止政治上的两面人。这一点，从一开始就要把握好，确保选的苗子政治上过硬。如果坯子选不好，辛辛苦苦培养一场，最终还是会出问题。忠诚不是挂在嘴上、写在纸上的，而是要体现在实际行动上。有人说，只要不反党反社会主义，就不能说对党忠诚有问题。这样的认识是很肤浅的。有的干部工作上拈轻怕重、不愿到艰苦地方和岗位工作，能说对党忠诚吗？有的干部报告个人有关事项打埋伏、八小时之外找不到人，能说对党忠诚吗？这样的干部，真到了关键时刻能靠得住吗？这是对年轻干部的要求，也是对全党的要求。

像邱少云、王进喜、焦裕禄、沈浩等，都是成千上万英雄模范的典型代表。他们哪一个不是用具体行动阐明什么叫纯粹忠诚？邱少云的纯粹忠诚体现在火势迅速蔓延到身上，燃着了棉衣。为了不暴露目标，确保全体潜伏人员的安全和攻击任务的完成，放弃自救，咬紧牙关，任凭烈火烧焦头发和皮肉，坚持30多分钟，直至壮烈牺牲。王进喜的纯粹忠诚体现在认识到："这困难，那困难，国家缺油是最大困难；这矛盾，那矛盾，国家建设等油用是最主要矛盾。"在钻机到了，没有吊车和拖拉机，汽车也不足的情况下。带领工人用"人拉肩扛"的办法把钻机卸下来。井架立起来后，没有打井用的水，组织职工到附近的水泡子破冰取水，带领大家用脸盆端、水桶挑，硬是靠人力端水50多吨，保证了按时开钻。焦裕禄的纯粹忠诚体现在除"三害"的斗争中，为了取得经验，他亲自率领干部、群众进行了小面积翻淤压沙、翻淤压碱、封闭沙丘试验。然后以点带面，全面铺开，总结出了整治"三害"的具体策略，探索出了大规模栽种泡桐的办法。习近平总书记都说：焦裕禄同志是县委书记的榜样，也是全党的榜样。无论过去、现在还是将来，都永远是亿万人们心中一座永不磨灭的丰碑，永远是鼓舞我们艰苦奋斗、执政为民的强大思想动力，永远是激励我们求真务实、开拓进取的宝贵精神财富，永远不会过时。沈浩的纯粹忠诚体现在，他在小岗村任职近6年时间，始终以党和人民的事业为重，干事创业，勤奋务实，勇于创新，无私奉献，忠实履行共产党员的神圣职责，在广大干部群众心中竖起了一座巍峨的丰碑。每一个人岗位不同、贡献不同，但是忠诚是一致的，在具体岗位上书写忠诚的画卷是相通的。

从忠诚的具体性来说，对党绝对忠诚，要不折不扣贯彻落实党中央决策部署。党员领导干部要把坚决维护党中央权威，坚决服从党中央集中统一领导落实在岗位上、落实在行动上，主动自觉、毫不松懈地抓作风建设，抓铁有痕、踏石留印地抓工作落实。要大兴调查研究之风，力戒形式主义、官僚主义，干在实处，走在前列，让改革发展稳定各项任务落下去，让惠及百姓的各项工作实起来，确保党中央大政方针和决策部署落地生根。

"对党忠诚不是有条件的而是无条件的，不能停留在口头上"，不管处在什么形势下，什么处境中，忠诚都必须是纯粹的。对党忠诚不是喊空口号的政治表白，而是深深刻在心里，融化在血液中，在政治信仰、政治立场诸方面表达出对党的绝对忠诚；不是人为地贴上政治标签，而是要有具体的行动来表达，要有忠诚党的具体实在效果。忠诚是不讲价钱的绝对性，对党忠诚"不是有条件的而是无条件的"，不是顺利时、对自己进步有利时就忠诚党，在逆境时、不利于自己进步时、不合自己心意时就向党讨价还价，而是任何时候，任何情况下都不能讲任何条件和价钱，不管遇到什么艰难困苦，都必须矢志不渝地忠诚于党。忠诚是没有时限的终身性，对党忠诚不能满足过去或曾经有过的忠诚，也不能局限于一时一事或顺境条件下的忠诚，而是必须过去忠诚，现在忠诚，将来也要忠诚，上升进步时期忠诚，艰难困苦环境中也要忠诚，遇到挫折时还要忠诚，终身忠诚党，忠诚党的事业。

第四节　对党忠诚必须体现到对党组织的忠诚上

忠诚总是有载体的，是具有具体指向的，忠诚要体现在对组织的忠诚上。党内不允许不听从党的指挥、搞人身依附的个人“忠诚”，忠诚，即对党尽心竭力为党增光添彩，绝不往党脸上抹黑；忠诚的对象是党，是组织，而不是某个人，不是某个上级领导。在 2018 年全国组织工作会议上，习近平总书记强调我们培养选拔的是党和人民事业的接班人，不是领导干部个人的接班人，不能形成人身依附关系。接班人是个整体概念，不能作机械理解，不是指某个具体的人。要教育引导年轻干部立志接好党和人民事业的班，而不是考虑接某个职位的班。我们是党管干部、组织选人，年轻干部不能搞自我设计，自己考虑多了就容易违背组织原则。这既是告诫，也是事实。因为若个人能“设计”清楚自己的“升迁路线图”，还要组织做什么？

新中国成立后，党和国家绘制了西部建设发展的宏伟蓝图。1956 年，以交通大学为代表的一批高校、工厂、科研院所坚决拥护和执行党中央关于西迁的决定，义无反顾地奔向大西北，积极投身到祖国最需要的地方来，成为西部大开发的先行者。在 60 余年的奋斗征程中，一代又一代“西迁人”用实际行动彰显出“爱国、报国、兴国”的情怀，诠释了“爱国就要奋斗，奋斗为了爱国”的真理，形成了“胸怀大局，无私奉献，弘扬传统，艰苦创业”的西迁精神，树立起一座不朽的精神丰碑。2017 年 12 月，习近平总书记对西安交通大学老教授的联名来信作出重要指示，“希望西安交通大学师生传承好西迁精神，为西部发展、国家建设奉献智慧和力量。”

思想上认同组织、政治上依靠组织、工作上服从组织、感情上信赖组织，一生交给党安排，正是领导干部对自身最优、最美的职业设计。党内不允许不按中央“规定”办事、搞“当面一套，背后一套，上有政策、下有对策”的伪忠诚，不允许歪曲党的政策、搞劳民伤财形式主义的假忠诚。要严肃党内政治生活，纯洁党内政治生态，坚决反对搞团团伙伙、帮帮派派，坚决反对搞利益集团、进行利益交换；要严明党的政治纪律和政治规矩，使之成为规范党员思想行为、纠正错误倾向的利剑，成为纯洁党性、锻炼党性的基本武器；积极开展思想斗争，敢于对下级，对同级特别是对上级运用批评和自我批评的武器，以不断提高纠错能力“纯粹”对党的忠诚，用诠释党的决策英明伟大的行动和成效，书写对党组织的忠诚。

之所以说忠诚要体现在对组织的忠诚上，这是政党的性质决定的。政党是政治组织，不是松散的俱乐部，政治性和严密性是其最显著的两个特点。无论是夺取政权还是担负治国理政的责任，政党的一切活动都不是个人表现，而是具有高度组织性的团体行为。马克思主义政党的组织严密性表现为其组织成员的身份认同。加入中国共产党组织，意味着取得特殊的政治身份，是否将自己视为组织的一分子，就是忠诚问题。对党忠诚，是指视组织生命的价值超过个人生命的价值。从这个意义上说，忠诚成为党员政治身份的一种特征标识。习近平总书记指出：“全党同志要强化党的意识，牢记自己的第一身份是共产党员，第一职责是为党工作，做到忠诚于组织，任何时候都与党同心同德。”这里强调的“第一身份”“第一职责”，是对组织归属感的精准诠释。对于一个政党来说，不讲忠诚，组织就会形同虚设，党员缺乏身份认同，必然导致组织内聚力的缺失。具体到我们中国共产党，我们党的组织纪律原则是“四个服从”：个人服从组织，少数服从多数，下级服从上级，全党服从中央。

一个党员干部不服从党组织安排，不执行上级党委决定，就算不上一名合格的党员干部。不讲政治，不讲规矩的表现。党员干部讲党性，必须落实到行动上。服从组织就是党员干部讲党性的最基本要求，共产党员不讲党性，就会失去党的信仰，为民服务、遵纪守法、公道正派、甘于奉献都是一句空话。

对组织的忠诚体现在必须讲规矩。习近平总书记多次强调讲服从必须讲规矩。从近年查处腐败官员的典型案例看，有的党员干部正是因为不讲规矩，把自己凌驾于组织之上，热衷于“一言堂”，独断专行，讲关系不讲原则，搞团团伙伙，任其发展蔓延，最终因违纪违法受到查处。这么干不仅断送自己前程，还严重破坏了党员干部队伍在群众中的形象，损害了党的威信。

从党员个人角度来说，要忠于组织，从组织角度来说，也要敢于自我革命，让组织成为一个我们愿意并也甘于忠于的组织。所以，对组织来说，对那些不服从安排，不讲规矩，不守纪律的党员干部，就应拿起党纪党规武器，将其清除干部队伍，从而保持党员干部队伍的纯洁性。中国共产党之所以能，之所以能够从小到大、由弱变强，带领人民取得举世瞩目的成就，很重要的一条就是有铁的组织纪律作保证。维护党的组织纪律是全党的义务，是党的各级组织和每名党员义不容辞的责任。作为党员干部，一定服从组织的安排，这样才能体现出对党的忠诚。现在，中国共产党正在进行具有许多新的历史特点的伟大斗争。我们党要带领人民战胜各种风险挑战，统筹推进“五位一体”总体布局和协调推进“四个全面”战略布局，实现“两个一百年”奋斗目标和中华民族伟大复兴的中国梦，必须更加自觉地坚持自我革命。正如习近平总书记指出，在世情国情党情深刻变化的情况下，“有没有强烈的自我革命精神，有没有自我净化的过硬特质，能不能坚持不懈同自身存在的问题和错误作斗争，就成为决定党兴衰成败的关键因素”。

第六章

坚定安身立命的"根与魂"

——忠于党的信仰

本章提要

《共产党宣言》是国际共产主义运动的第一个纲领性文献，也是中国共产党人思想的源头和信仰的源头。信仰的力量是无穷无尽的，但信仰动摇，就会"地动山摇"。新时代的中国共产党人，必须忠诚于信仰，在改造世界中锤炼信仰，在自我革命中坚守信仰，在提升精神境界中铸就信仰。

信仰，即对于某种思想、事物或人物的信奉敬仰。共产党人的信仰，主要是对于“主义”的坚定信奉与执着追求，简而言之，就是对共产主义的信仰。中国共产党人的信仰，集中在对于马克思主义、共产主义和中国特色社会主义的信仰。心中有信仰，脚下有力量。信仰的力量是无穷的。不忘初心牢记使命的中国共产党人，必须坚定安身立命的“主心骨”，始终忠于党的信仰。

第一节 《共产党宣言》与中国共产党人的信仰源头

共产党人的信仰，是科学的信仰。《共产党宣言》，是马克思恩格斯为历史上第一个世界性无产阶级政党组织——共产主义者同盟起草的公开纲领。《共产党宣言》是国际共产主义运动的第一个纲领性文献，也是中国共产党人思想的源头和信仰的源头。《共产党宣言》明确了共产党人以共产主义为自己的最高信仰，并阐发了共产主义信仰的科学基础，这也成为中国共产党人的信仰源头。《共产党宣言》的第一个中文全译本，是由陈望道先生翻译的。潜心翻译《共产党宣言》的陈望道，有一次竟蘸着墨汁当成红糖吃掉而浑然不觉，甚至感觉墨比糖还甜。

（一）奠定信仰的理论基础

在《共产党宣言》中，对于共产主义的信仰和追求，决不是诉诸哪个理论家或思想家的思想原则或理论原理，也不是诉诸阶级情感或血泪控诉，而是深深扎根于实践的沃土之中，并遵循历史发展规律得出的信仰追求。依据生产力和生产关系、经济基础和上层建筑的矛盾运动规律，马克思恩格斯深入揭示了资本主义社会运行的机制及其内在矛盾，并具体阐释了无产阶级和资产阶级的对立斗争及其斗争结局。

资本主义生产方式在推动社会历史发展的同时，也不可避免地遇到了问题、困境和危机。资本主义创造的强大的生产力，生产出丰富的产品，却因为人们的购买力不足，而导致生产相对过剩，产生了商业危机，而且这种商业危机每隔一段时间就会不可避免的爆发。这表明，资产阶级社会所拥有的生产力已经不能再促进资产阶级所有制关系的发展了，资本主义的生产力和生产关系发生了强烈的冲突和矛盾。资产阶级通过消灭大量生产力，扩大新市场和充分利用旧市场等办法来克服商业危机。这种办法只能导致更猛烈的危机。资本主义发展过程中催发的矛盾它自身已经无法解决了。资产阶级社会的发展到了危险的境地，甚至是崩溃的边缘。更重要的是，资产阶级社会还产生并且在不断扩大和发展着自己的掘墓人——无产阶级。与同资产阶级对立的其他阶级相比，无产阶级是真正革命的阶级，这是因为：首先，其他阶级一般都随着大工业的发展而日趋没落，无产阶级却是大工业本身的产物，它随着大工业的发展而不断发展壮大；其次，无产阶级一无所有。它失去了旧社会的生活条件，失去了财产，失去了任何民族性；再次，无产阶级没有什么自己的东西需要保护，它只有废除全部现存的占有方式，摧毁至今保护和保障私有财产的一切，才能取得社会生产力，才能为自己的发展提供条件；最后，无产阶级的运动是绝大多数人的，为绝大多数人谋利益的独立的运动。

基于如此严密的实践发展分析和理论逻辑论证，中国共产党人对于共产主义的信仰，就有了深厚的实践源泉和坚实的理论基础。

（二）滋养信仰的思想智慧

基于清醒的认知、坚定的认同、诚心的接受和自觉的践行，才能有坚定的信仰。“两个不可避免”（“资产阶级的灭亡和无产阶级的胜利是同样不可避免的”）、“两个最彻底决裂”（“共产主义革命就是同传统的所有制关系实行最彻底的决裂；毫不奇怪，它在自己的发展进程中要同传统的观念实行最彻底的决裂”）和“一切人的自由发展”（“每个人的自由发展是一切人的自由发展的条件”），构成《共产党宣言》的基本线索。透过所得出的具体结论而把握其基本内核，透过一定历史条件下的具体措施把握其基本原则，《共产党宣言》可以为今天的共产党人坚定信仰输送源源不断的智慧滋养。

其一，关于“两个不可避免”。从深层上看，它蕴含着“凡是历史性产生的终将历史性地灭亡”的远见卓识；从现实来看，资本主义社会在长入社会主义因素，这体现在资本主义的税收调整、股份制、社会保障、国家福利等诸多方面；从条件来看，只有在资本主义社会发挥完其所能容纳的生产力，社会主义生产关系在资本主义社会内部完全成熟起来以后，“两个不可避免”才会得以实现。实际上，马克思恩格斯是诊断资本主义社会的“医生”，《共产党宣言》在某种意义上也可以说是为解决资本主义的病症开出的良方。因此，资本主义社会也在感谢马克思，在西方20世纪末“千年思想家”和2005年“千年哲学家”的评选时，马克思总是能够得票第一，就是这种感恩之情的充分流露。吃了马克思恩格斯所开“药方”的资本主义，已完全不同于工业化初级阶段的自由资本主义。那种盛行于19世纪早期，资本家可以任意地肆无忌惮地进行剥削，而无产阶级没有任何保护和最基本的保障的资本主义，在一定意义上确实已经走向灭亡了。和西方政党不同，中国共产党历来高度重视以理想信念、思想路线和重点工作，来统领和推进我们的各项事业。马克思恩格斯对“两个不可避免”这一历史规律的揭示，为我们党的这一运行逻辑提供了重要的支撑，也有利于培养共产党人的战略思维和历史眼光。

其二，关于“两个最彻底决裂”。即当资本主义的生产关系不能继续推动生产力发展的时候，共产主义革命应同资本主义私有制和维护这种私有制的私有观念进行彻底决裂。马克思恩格斯反对极少数资本家占有由大众劳动积累起来的资本，要求改变资本的占有形式，而不是彻底反对市场和资本；马克思恩格斯反对的是当资本主义私有制成为生产力的阻碍时，仍然无视基本的历史事实，而一味维护资本主义私有制的狭隘观念；马克思恩格斯主张和资本主义所宣扬的拜金主义、利己主义、享乐主义等观念进行彻底的决裂，当然也包括同封建的传统观念如专制主义、特权主义、官僚主义等进行彻底的决裂。显然，这样的彻底决裂，不是同现代化文明成果的决裂，而是辩证地扬弃前共产主义的一切文化。这里蕴含的是辩证对待继承和发展，以及全面把握所有制和与其相适应的观念之间的关系等智慧。

其三，关于“一切人的自由发展”。这里体现出共产党人追求人的解放和自由发展的胸襟情怀，体现出共产党人勇于追求终极价值和最高理想的品格。冲破对神的崇拜和迷信，使宗教只发挥情感慰藉作用，不难做到；冲破对世袭的专制的权力的崇拜，破除对权力拥有者的人身崇拜，让权力在民主的轨道、良性的机制和法治的环境中运行，也能够成为共识；要破除对资本和金钱的崇拜，克服无穷无尽的物质欲望和贪念，实属不易。这样的气魄和胆识确实需要有过人之处，这样的党性修养确实难能可贵并值得向往。

基于对“两个不可避免”的历史发展规律的把握，在历史条件具备时实行“两个最彻底决裂”，并在此基础上追求“一切人的自由发展”的最高目标。如此洞穿历史的认知和正心诚意的认同，必然可以为共产党人坚定共产主义信仰和马克思主义信仰，提供源源不断的智慧滋养和精神动力。

（三）激发信仰的精神力量

在《共产党宣言》中，马克思恩格斯高度肯定了资本主义文明的历史性贡献：推翻了腐朽僵化的封建制度，推动了工业化、市场化和城市化的进展，催发了充满生机的现代性特征，加速了世界历史进程，极大地解放和发展了社会生产力。我们发现，马克思恩格斯在揭示资本的历史性作用时，没有提到其对精神世界、精神生活和精神文化的积极作用。实际上，资本主义文明在推进精神文明建设方面确实存在严重的局限性。直到今天，资本逻辑也只是显示了它在物质文明建设方面的巨大成就。

在论及共产党人的本性时，马克思恩格斯提出共产党人没有任何同整个无产阶级的利益不同的利益，共产党人不仅强调和坚持整个无产阶级共同的不分民族的利益，而且始终代表整个运动的利益，在理论方面共产党人对无产阶级运动的条件、进程和一般结果具有充分的自觉。这样的共产党人，必然不仅需要培养把握规律和人民意志的能力，而且需要不断提升自身的精神境界和精神追求。

马克思主义的真理性，不仅在于它对人类社会发展规律的深入探索和对人民大众意志的把握，而且在于马克思恩格斯在理论追求上总是充满着自我反省和自我革新的精神，能够不断地为自己的理论开辟新境界。在1872年《共产党宣言》的德文版序言中，马克思恩格斯指出，对于这些原理的实际运用，随时随地都要以当时的历史条件为转移。马克思恩格斯的这种精神追求，也要求我们今天应从当代世界与中国实际来解读《共产党宣言》。

《共产党宣言》内在蕴含的精神追求，及其对于共产党人提升精神境界的要求，必然能够为共产党人坚定为对马克思主义的信仰、坚定对社会主义和共产主义的信念，以及对中国特色社会主义共同理想的坚定信仰和忠实践行，激发充沛饱满的精神力量。

第二节　信仰的力量和信仰动摇之可怕

信仰的力量是无穷无尽的，它激励着一代又一代的中国共产党人勇于奉献，甚至不惜牺牲一切。信仰的缺失，是非常可怕的。信仰动摇，就会“地动山摇”。失去了信仰，党就失去了“政治灵魂”。信仰而不真信，言行上就会滑向“两面人”。

（一）心中有信仰，行动有力量

今天，坚定信仰和坚定理想信念之于中国共产党人至关重要。习近平把这种重要性提升到“共产党人安身立命的根本”、精神上的“钙”“政治灵魂”和“精神支柱”。2012年11月17日，习近平总书记在主持中央政治局第一次集体学习时强调，坚定理想信念，坚守共产党人精神追求，始终是共产党人安身立命的根本。对马克思主义的信仰，对社会主义和共产主义的信念，是共产党人的政治灵魂，是共产党人经受住任何考验的精神支柱。形象地说，理想信念就是共产党人精神上的“钙”，没有理想信念，理想信念不坚定，精神上就会“缺钙”，就会得“软骨病”。2015年12月11日，习近平总书记在全国党校工作会议上的讲话提出，实现中华民族伟大复兴的中国梦，关键在于培养造就一支具有铁一般信仰、铁一般信念、铁一般纪律、铁一般担当的干部队伍。2016年7月1日，习近平总书记在庆祝中国共产党成立95周年大会上的讲话中，提出全党同志要“不忘初心，继续前进”：我们党已经走过了95年的历程，但我们要永远保持建党时中国共产党人的奋斗精神，永远保持对人民的赤子之心。一切向前走，都不能忘记走过的路；走得再远、走到再光辉的未来，也不能忘记走过的过去，不能忘记为什么出发。面向未来，面对挑战，全党同志一定要不忘初心、继续前进。

正是因为有坚定的信仰追求，我们党的历史上涌现出了一系列激荡人心的故事。故事中的英雄们，为了执着的信仰，勇于奉献一切，包括自己的生命。习近平曾数次讲到这样感人至深的故事：

2010年9月1日，习近平在中央党校2010年秋季学期开学典礼上讲述了老一辈共产党人“伟大信仰”的故事。他说：“我们党从成立那一天起，就在马克思主义世界观指导下把在中国实现社会主义、共产主义确立为自己的远大理想和奋斗目标，一代又一代中国共产党人确立了为之不懈奋斗的坚定信念。革命战争年代，革命先烈在生死考验面前所以能够赴汤蹈火、视死如归，就是因为他们对崇高的理想信念坚贞不渝、矢志不移。”

2016年7月1日，习近平在庆祝中国共产党成立95周年大会上强调：“‘志不立，天下无可成之事。’理想信念动摇是最危险的动摇，理想信念滑坡是最危险的滑坡。一个政党的衰落，往往从理想信念的丧失或缺失开始。”“我们党是否坚强有力，既要看全党在理想信念上是否坚定不移，更要看每一位党员在理想信念上是否坚定不移。95年来，共产主义远大理想激励了一代又一代共产党人英勇奋斗，成千上万的烈士为了这个理想献出了宝贵生命。‘砍头不要紧，只要主义真’（注：作者为夏明翰），‘敌人只能砍下我们的头颅，决不能动摇我们的信仰’（注：作者为方志敏），这些视死如归、大义凛然的誓言生动表达了共产党人对远大理想的坚贞。”“理想之光不灭，信念之光不灭。”①

2016年10月21日，习近平在纪念红军长征胜利80周年大会上，讲了“心中有信仰，脚下有力量”的故事。他说：“长征途中，英雄的红军，血战湘江，四渡赤水，巧渡金沙江，强渡大渡河，飞夺泸定桥，鏖战独树镇，勇克包座，转战乌蒙山，击退上百万穷凶极恶的追兵阻敌，征服空气稀薄的冰山雪岭，穿越渺无人烟的沼泽草地，纵横十余

---

① 《习近平谈治国理政》第2卷，外文出版社2017年版，第34—35页。

省，长驱二万五千里。”“长征的胜利，是中国共产党人理想的胜利，是中国共产党人信念的胜利。”“在红一方面军二万五千里的征途上，平均每 300 米就有一名红军牺牲。长征这条红飘带，是无数红军的鲜血染成的。艰难可以摧残人的肉体，死亡可以夺走人的生命，但没有任何力量能够动摇中国共产党人的理想信念。”“长征胜利启示我们：心中有信仰，脚下有力量；没有牢不可破的理想信念，没有崇高理想信念的有力支撑，要取得长征胜利是不可想象的。”[①]

（二）信仰缺失，党就失去了“政治灵魂”

共产党，如果背离了共产主义信仰，就从根本上丧失了政治灵魂。社会主义、共产主义信仰动摇，党就会“地动山摇”。2015 年 9 月 11 日，习近平总书记在主持中央政治局第二十六次集体学习时强调，我们共产党人的根本，就是对马克思主义的信仰，对共产主义和社会主义的信念，对党和人民的忠诚。立根固本，就是要坚定这份信仰、坚定这份信念、坚定这份忠诚，只有在立根固本上下足了功夫，才会有强大的免疫力和抵抗力。

对于中国共产党人而言，理想信念动摇是最危险的动摇，理想信念滑坡是最危险的滑坡。一个政党的衰落，往往从理想信念的丧失或缺失开始。我们党是否坚强有力，既要看全党在理想信念上是否坚定不移，更要看每一位党员在理想信念上是否坚定不移。90 多年来，共产主义远大理想激励了一代又一代共产党人英勇奋斗，成千上万的烈士为了这个理想献出了宝贵生命。缺少了理想信念这个精神之“钙”，就会得“软骨病”。一旦患了“软骨病”，就会在风雨面前东摇西摆。2015 年 6 月 12 日，习近平总书记在纪念陈云同志诞辰 110 周年座谈会上的讲话中提出，在改革开放历史新时期，陈云同志高度重视对党员干部的理想信念教育。他反对“共产主义遥遥无期”的观点，明确指出，这个观点是不对的，应当说，共产主义遥遥有期，社会主义就是共产主义的第一阶段。他强调：“社会主义经济建设和经济体制改革，更加要有为共产主义事业献身的精神。”“马克思主义、共产主义的真理，一定会战胜资

---

① 习近平：《在纪念红军长征胜利 80 周年大会上的讲话》，《人民日报》2016 年 10 月 22 日。

本主义腐朽思想和作风的侵蚀。”没有理想信念，理想信念不坚定，精神上就会得“软骨病”，就会在风雨面前东摇西摆。

2016年10月，中央纪委宣传部、中央电视台联合制作的八集专题片《永远在路上》在中央电视台播出。在这个专题片中，我们看到了信仰缺失、思想动摇，对于一个领导干部从根子上的侵蚀。一个党员干部的腐败，往往都是从信仰上、思想上的腐败开始的。李春城（四川省委原副书记）这样自我忏悔，因为自己从十几岁就希望能够在党的领导下，希望加入党组织，在党组织里边，在党的领导下，能够为社会进步，为人民幸福多做有益的事情，最后就因为自己没有打牢这个根基，在复杂的社会生活和执政实践当中，思想变化了，走到这一步，这一生的追求真的是南辕北辙。白恩培（全国人大环资委原副主任）也坦言，鬼迷心窍，昏了头。他说，我自己一年也有十来万块钱，我爱人她是央企的领导，一年收入也有几十万，完全够了。但是理想信念丢失了，精神追求没有了，突破了做人的底线，连法律的红线也触摸了。我悔恨，共产党多年培养的省委书记，怎么变成这样子，我给党组织带来的损失太大了。

（三）信仰而不真信，言行上就会滑向“两面人”

一个共产党人，如果对于党的信仰没有真正的信，而只是喊喊口号，那就自然堕落为政治上的“两面人”。对此，2016年1月4日至6日，习近平总书记在重庆调研时强调，不能把理想信念只当口号喊，严格纪律规矩必须架起高压线，依法办事才能正确用权，求真务实要经得起历史检验。领导干部要把理想信念时时处处体现为行动的力量，树立起让人看得见、感受得到的理想信念标杆。

“两面人”有很多表现，其中之一就是背地里不敬苍生敬鬼神。2016年1月12日，习近平总书记在第十八届中央纪律检查委员会第六次全体会议上的讲话中指出，大量案件表明，党内有一些人在这方面问题很突出。有的修身不真修、信仰不真信，很会伪装，喜欢表演作秀，表里不一、欺上瞒下，说一套、做一套，台上一套、台下一套，当面一套、背后一套，手腕高得很；有的公开场合要党员、干部坚定理想信念，背地里自己不敬苍生敬鬼神，笃信风水、迷信“大师”。一旦成为

"两面人"，就很可能在"围猎"中被人捕获。对此，习近平总书记指出，"身之主宰便是心""不能胜寸心，安能胜苍穹"。"本"在人心，内心净化、志向高远便力量无穷。对共产党人来讲，动摇了信仰，背离了党性，丢掉了宗旨，就可能在"围猎"中被人捕获。只有在立根固本上下功夫，才能防止歪风邪气近身附体。

在中央纪委宣传部、中央电视台联合制作的专题片《永远在路上》中，我们看到，周本顺就是这种"两面人"的代表。周本顺（河北省委原书记）作了这样的忏悔，"我出个面帮他站个台，一起吃饭，我什么话也没有说，别人就知道这个人上面有人，这个事都会办得通。放松了对家属子女的要求，放松了对所谓的一些商人朋友的警惕，最后落到这个结局，这是我咎由自取。错不在官场，错不在商场，错在自己"。他说，"作为我自己来讲，修身也是对别人讲得多，对自己讲得少，如果自己真的一以贯之地严格要求自己，时刻对照党章、对照法律去反省自己，也就不会有今天这个结局。"根据中纪委掌握的材料，用这种看似隐蔽的方法，周本顺多次为这些老板在土地规划、审批等方面牵线搭桥、提供帮助。周本顺还直接向一些老板以"借钱"的名义索要巨额资金，给儿子投到生意上。其中，他向湖南的一位老板一笔就"借"了一千多万，这些钱当然都并没有还。令人感到讽刺的是，周本顺曾经在河北提出干部要"四清"："自己清、家属清、亲属清、身边清"，然而，他自己提出的要求，自己却并没有做到。面对自身的不干不净，周本顺在掩耳盗铃自欺欺人的同时，寄望于鬼神的保佑，大搞迷信活动。周本顺在多处住所内，均摆设佛堂佛龛，每逢初一、十五和相关佛教节日，都按时在家烧香拜佛。他见佛就拜，进庙就塞钱，甚至家里养的一只乌龟死后，还竟然专门为此手抄经文，连同乌龟一起下埋。

第三节　新时代忠诚于信仰的途径

新时代的中国共产党人，必须忠诚于信仰。对信仰忠诚的铸就，非一朝一夕之事，非一时一日之功。只有历经改造世界过程中的锤炼、新时代自我革命中的坚守和精神境界的不断提升，才能铸就忠诚的信仰。

（一）在改造世界中锤炼信仰

世界是在人类的改造中不断发展变化的。新时代的中国共产党人在领导中国人民改造中国进而影响世界的过程中，要不断锤炼信仰，增强“四个意识”，坚定“四个自信”。2016 年 9 月 13 日，习近平总书记在中央军委联勤保障部队成立大会上的讲话中，把坚定理想信念和增强“四个意识”放在一起，强调要坚决听党指挥，坚持党对军队的绝对领导，坚定理想信念，强化政治意识、大局意识、核心意识、看齐意识，弘扬优良传统，加强作风建设，纯正部队风气，始终坚持部队建设正确政治方向。2016 年 6 月 28 日，习近平总书记在主持中央政治局第三十三次集体学习时，把信仰问题和坚定“四个自信”连在一起，强调要固本培元，把加强思想政治建设摆在首位，引导党员特别是领导干部筑牢信仰之基、补足精神之钙、把稳思想之舵，坚定中国特色社会主义道路自信、理论自信、制度自信、文化自信，增强党的意识、党员意识、宗旨意识，坚守真理、坚守正道、坚守原则、坚守规矩，做到以信念、人格、实干立身。

新时代中国共产党人统揽“四个伟大”的过程，既是秉承初心和坚守信仰的过程，更是对忠诚信仰不断锤炼的过程。习近平总书记的“7·26”重要讲话中，有一个新的亮点：在新的时代条件下，我们要进行伟大斗争、建设伟大工程、推进伟大事业、实现伟大梦想。这里提出的“四个伟大”，即具有许多新的历史特点的伟大斗争、中国特色社会主义伟大事业、党的建设新的伟大工程、实现中华民族伟大复兴的中国梦。把十八大以来多次提到并积极付诸实践的这四项行动方略，作为一个有机整体加以论述，在党的重要文献史上还是第一次。十九大修改的《中国共产党章程》，新加入了中国共产党统揽伟大斗争、伟大工程、伟大事业、伟大梦想的内容，显示了把“四个伟大”作为中国共产党人新时代担当的责任与勇气。改革开放以来，在党的许多重要文献中把“伟大事业”同“伟大工程”联系起来讲，意在强调改造客观对象与发挥领导主体力量的内在关联。十八大报告提出“发展中国特色社会主义是一项长期的艰巨的历史任务，必须准备进行具有许多新的历史特点的伟大斗争”。党的十八大以后不久，习近平总书记在参观《复兴之路》基本陈列时指出：“实现中华民族伟大复兴，就是中华民族近代以来最伟大的梦想。”至此，随着社会主义现代化建设实践的稳步推进，四项伟大的实践战略依次出现并逐渐成型。十八大以来，以习近平同志为核心的党中央，带领中国人民统筹推进“五位一体”和协调推进“四个全面”，中国特色社会主义实践进入了新的历史阶段。2016 年 10 月 21 日，习近平总书记在纪念红军长征胜利 80 周年大会上的讲话中指出：“实现伟大的理想，没有平坦的大道可走。夺取坚持和发展中国特色社会主义伟大事业新进展，夺取推进党的建设新的伟大工程新成效，夺取具有许多新的历史特点的伟大斗争新胜利，我们还有许多‘雪山’‘草地’需要跨越，还有许多‘娄山关’‘腊子口’需要征服，一切贪图安逸、不愿继续艰苦奋斗的想法都是要不得的，一切骄傲自满、不愿继续开拓前进的想法都是要不得的。”这里，开始把这些伟大的战略集中起来放在一起讲。党的十八届六中全会，首次在党的重要文献中将“伟大斗争、伟大工程、伟大事业”并提，在公报中明确提出：为更好进行具有许多新的历史特点的伟大斗争、推进党的建设新的伟大工程、推进中国特色社会主义伟大事业，经受“四大考验”、克服“四种危险”，有必要制定一部新形势下党内政治生活的准则。直到为十九大“放风”和“定调”的“7·26”重要讲话，习近平总书记首次明确地把“四个伟大”概括为一个整体。

铸就“伟大”，成就“伟大”，本身就是对信仰的考验和锤炼。伟大，即不计私利，敢于担当和勇于奉献。一方面，我们的党肩负历史使命、时代担当和人民重托，没有任何为政党组织、为个人的私利，也没有特殊的利益诉求。在中国共产党和中国特色社会主义已经成为 21 世纪世界社会主义运动发展的中流砥柱的情况下，我们党面临的是前所未有的复杂形势，干的是前无古人的创造性事业，追求的是数代中国人梦寐以求的夙愿。因此，这四项具有全局性、长远性和根本性的行动方略，可以名副其实地称之为“伟”。另一方面，作为一个在 13 亿多人口大国长期执政且有着近 9000 万名党员的党，最有资格建立世界上最强大的政党。因此，我们正在进行的斗争、建设的工程、推进的事业和实现的梦想，当然称得上“大”。

担当作为一个整体的“四个伟大”，也是从方方面面对信仰之忠诚程度的推进。十八大以来，在新的历史起点上，“四个伟大”日益形成一个结构严谨、逻辑严密的有机整体，具有引领全局、指导长远和关涉根本的重要地位和重大作用，同时又对实践基础之上的理论创新提出了新的要求。“四个伟大”各有侧重又联系紧密，需要贯通理解、总体把握和协同贯彻。在十九大报告中，习近平总书记对四个伟大的关系进行了系统的论述。他提出，实现伟大梦想，必须进行伟大斗争；实现伟大梦想，必须建设伟大工程；实现伟大梦想，必须推进伟大事业。他还指出，伟大斗争，伟大工程，伟大事业，伟大梦想，紧密联系、相互贯通、相互作用，其中起决定性作用的是党的建设新的伟大工程。推进伟大工程，要结合伟大斗争、伟大事业、伟大梦想的实践来进行，确保党在世界形势深刻变化的历史进程中始终走在时代前列，在应对国内外各种风险和考验的历史进程中始终成为全国人民的主心骨，在坚持和发展中国特色社会主义的历史进程中始终成为坚强领导核心。“四个伟大”是一个环环相扣的有机整体。推进伟大事业的目标是实现伟大梦想，中国特色社会主义道路是实现中华民族伟大复兴的必由之路；随着伟大事业的推进，“我们比历史上任何时期都更接近中华民族伟大复兴的目标，比历史上任何时期都更有信心、有能力实现这个目标”，在这样的关键时期，“必须积极进行具有许多新的历史特点的伟大斗争”；历史和事实一再证明，要取得关键时期伟大斗争的最终胜利，离不开党的领导。换一个维度，进行伟大斗争的精神状态和奋斗姿态，是建设伟大工程的重要推动力；建设伟大工程，是推进伟大事业的领导主体力量支撑；只有不断顺利推进伟大事业，才能越来越接近实现伟大梦想的目标。“四个伟大”构筑出十八大以来习近平总书记系列重要讲话精神和党中央治国理政的基本逻辑，也成为进一步推进理论创新的新实践基础。对此，在“7·26”重要讲话中，习近平总书记这样规划“事关党和国家事业继往开来，事关中国特色社会主义前途命运，事关最广大人民根本利益”的行动纲领：在新的时代条件下，我们要进行伟大斗争、建设伟大工程、推进伟大事业、实现伟大梦想，仍然需要保持和发扬马克思主义政党与时俱进的理论品格，勇于推进实践基础上的理论创新。在新的历史条件下治理国政，首要的是研判时代形势需要什么样的精神状态和奋斗姿态，然后明确如何能够发挥、组织和动员最广大人民群众的力量，进而扎扎实实地抓住哪些重点工作和推进什么样的事业，最后在把握历史发展趋势和人民期待的基础上，确定实现什么样的理想目标和推动中国向何处去。对这些环环相扣和内在关联的问题，从战略高度进行系统地分析和回答，并付诸实践行动，就构筑成治国理政的基本逻辑。“四个伟大”就是对这些问题的依次回答：研判形势所需，以伟大斗争的精神状态和奋斗姿态，在全面从严治党中建设伟大工程，使党不忘初心和回归本质，进而能够凝聚力量攻坚克难，扎扎实实地推进伟大事业，实现中华民族的伟大复兴。这个基本逻辑也可以简化为：为了实现中华民族的伟大复兴，中国共产党人带领和依靠最广大的人民群众，通过进行具有许多新的历史特点的伟大斗争，奋力推进中国特色社会主义事业。“四个伟大”作为治国理政的基本逻辑，蕴含在治国理政的各个方面，贯穿于治国理政的诸多环节。在统筹推进“五位一体”和协调推进“四个全面”的过程中，有了“四个伟大”的使命担当意识、领导力量自觉和实践行动纲领，自然在信心方面有“四个自信”，在意识自觉方面能够增强“四个意识”，在实践行动中能够做到“三严三实”。“四个伟大”的整体性实现，也必将成为中国共产党人信仰之忠诚的立体呈现。

（二）在自我革命中坚守信仰

2015 年 6 月 12 日，习近平总书记在纪念陈云同志诞辰 110 周年座谈会上的讲话中，把信仰问题和我们党的自我革命联系在了一起，他指出，我们纪念陈云同志，就要学习他坚守信仰的精神。无论处于顺境还是逆境，陈云同志始终坚守对马克思主义、共产主义的信仰不动摇。全党同志一定要坚守共产党人精神家园，把改造客观世界和改造主观世界结合起来，切实解决好世界观、人生观、价值观问题，练就共产党人的钢筋铁骨，铸牢坚守信仰的铜墙铁壁，矢志不渝为中国特色社会主义共同理想而奋斗。实际上，从庆祝中国共产党成立 95 周年大会上强调“全党要以自我革命的政治勇气，着力解决党自身存在的突出问题”，到 2016 年底中央政治局民主生活会上提出“中央政治局要在开展批评和自我批评方面为全党作表率，做勇于自我革命的战士”，再到 2017 年 2 月召开的省部级主要领导干部学习贯彻十八届六中全会精神专题研讨班开班式上明确指出“勇于自我革命，是我们党最鲜明的品格，也是我们党最大的优势”，习近平总书记系列重要讲话彰显了发扬中国共产党人自我革命精神的重要性。

只有一以贯之的坚守信仰，才能有信心有毅力推进党的自我革命。回顾党史，无论是实事求是的思想路线、民主集中制的制度安排，还是批评和自我批评的优良传统和作风，处处洋溢着中国共产党人严于律己、自我革新和自我革命的精神。重视自我革命是马克思主义政党的政治本色。马克思曾经说过，无产阶级革命运动要靠自我批评壮大起来。列宁也讲过："一个政党对自己的错误所抱的态度，是衡量这个党是否郑重，是否真正履行它对本阶级和劳动群众所负义务的一个最重要最可靠的尺度。公开承认错误，揭露犯错误的原因，分析产生错误的环境，仔细讨论改正错误的方法——这才是一个郑重的党的标志。"正是在"不畏惧批评、不遮蔽错误"的理论指导下，马克思主义政党在自我批评和自我改正错误的实践过程中，逐渐积淀出重视自我革命的精神传统。中国共产党人坚守着马克思主义政党重视自我革命的本心和传统。毛泽东同志曾形象地指出："房子是应该经常打扫的，不打扫就会积满了灰尘；脸是应该经常洗的，不洗也就会灰尘满面。我们同志的思想，我们党的工作，也会沾染灰尘的，也应该打扫和洗涤。"他还曾指出："我们要加强党内教育来清除这些毛病。我们还要经过和党外人士实行民主合作来清除这些毛病。这样的内外夹攻，才能把我们的毛病治好，才能把国事真正办好起来。"邓小平同志在党的八大上也曾强调指出："我们需要实行党的内部的监督，也需要来自人民群众和党外人士对于我们党的组织和党员的监督。"当代中国的共产党人要把这样的优良传统一代一代传递下去。十六大报告曾这样总结我们党自身所实现的两大历史性转变：我们党历经革命、建设和改革，已经从领导人民为夺取全国政权而奋斗的党，成为领导人民掌握全国政权并长期执政的党；已经从受到外部封锁和实行计划经济条件下领导国家建设的党，成为对外开放和发展社会主义市场经济条件下领导国家建设的党。中国共产党自身的成功转变，也在不断积淀着中国共产党人勇于自我革命的勇气、魄力和信心。

党的自我革命的过程，也是坚守信仰、自我更新，进而为推进我们的各项事业注入活力和动力的过程。中国共产党人的自我革命精神，不仅不会削弱党在社会主义现代化建设工程中的主体性地位，也不会影响党在中国特色社会主义事业中的坚强领导核心担当。恰恰相反，它会不断铸就中国共产党人的精神品格和精神优势。对此，习近平同志曾明确指出：“勇于自我革命，是我们党最鲜明的品格，也是我们党最大的优势。中国共产党的伟大不在于不犯错误，而在于从不讳疾忌医，敢于直面问题，勇于自我革命，具有极强的自我修复能力。”在曲折中发展和前进，是事物发展的基本趋势和客观的历史发展规律。中国共产党之所以能不断地走向成功，成为一个伟大的党，并不是说我们党从来不会犯错误，而是我们党能够始终依靠对历史规律和人民利益的遵循与坚持，并凭借不忘共产主义远大理想的价值取向和境界追求，从而不断勘误纠错，经受一次次挫折而又一次次奋起，并从失误中学习，获得了持续前行的动力与更大的生机和活力。坚定的理想信念和自我革命精神，正在推动着中国共产党人在改造客观世界的伟大实践过程中，同时坚持改造主观世界，以达至共产党人的崇高境界。我们有理由相信，这一过程也将是铸就中国共产党人精神优势的过程。能够成就一番事业的人，除了历史机遇、社会环境和个人的实力与努力等诸多条件之外，往往存有一股激励人心和鼓舞士气的精气神。站在历史新起点上的当代中国，要实现由文明大国向文明强国的迈进，实现近代以来数代中国人梦寐以求的现代化和民族复兴，也离不开一定的精神动力。中国共产党人的自我革命精神，就是实现现代化和民族复兴这一伟大事业的重要精神动力。天行健，君子以自强不息。中国共产党人和中国人民水乳交融汇聚出的能动精神和主体力量，是破解发展难题和唱响中国声音的重要驱动力。这一强大的精神性力量，若能同时依据历史发展规律和时代发展趋势，通过自我革命而实现不断优化和不断提升，必将在中国特色社会主义的伟大实践中焕发出强大的主体性力量和精神动力。

（三）在提升精神境界中铸就信仰

新时代的中国共产党人还要通过不断的学习和行动，在提升精神境界中铸就信仰。2016 年 7 月 1 日，习近平总书记在庆祝中国共产党成立 95 周年大会上的讲话中指出，理论上清醒，政治上才能坚定。坚定的理想信念，必须建立在对马克思主义的深刻理解之上，建立在对历史规律的深刻把握之上。全党要深入学习马克思列宁主义、毛泽东思想、邓小平理论、“三个代表”重要思想、科学发展观，深入学习党的十八大以来党中央治国理政新理念新思想新战略，不断提高马克思主义思想觉悟和理论水平，保持对远大理想和奋斗目标的清醒认知和执着追求。2016 年 10 月 21 日，习近平总书记在纪念红军长征胜利 80 周年大会上的讲话中，把学习和行动联系在一起，阐释学习、行动和信仰的问题，他指出，要坚持学而信、学而思、学而行，把学习成果转化为不可撼动的理想信念，转化为正确的世界观、人生观、价值观，用理想之光照亮奋斗之路，用信仰之力开创美好未来。

我们认为，以信仰引领新时代中国共产党人的精神世界重建和精神境界提升，是一条锤炼信仰、铸就信仰的重要途径。

在现代化的征程中，当代中国人的精神世界一定程度上出现了意义失落、精神贬值、价值坍塌、道德失范、理想缺失、虚无侵袭等诸多问题。中国共产党人这个特殊群体，应该成为走出精神困境的开路先锋和追求崇高精神境界的带头人。今天，坚定理想信念之于中国共产党人至关重要。习近平总书记把这种重要性提升到“共产党人安身立命的根本”、精神上的“钙”、“政治灵魂”和“精神支柱”。中国共产党人从“红船精神”以来的精神谱系，成为精神文化的引领旗帜。如何铸就信仰，如何坚定理想信念，如何继续引领精神文化，如何提升精神力量和精神境界以保持精神先进性和精神影响力等一系列相关问题，可以概括为“中国共产党人的精神世界重建问题研究”。这一问题的关键在于：中国共产党人的价值取向与精神系统在新时代究竟如何调整、转化和重建，进而推动整个内在精神世界与使命担当能够良性互动。探寻新时代中国共产党人精神世界重建的具体路径，其中的一个关键突破点在于对中国共产党人与人民大众的精神世界重建问题进行参照性的比较研究。同样生活于中华大地上，深受文化传统的浸染、革命文化的洗礼和现代文明的吸引，新时代中国共产党人和当代中国人的精神世界重建问题存在诸多关联和沟通。一方面，中国共产党来源于人民，其精神重建应基于中国人民精神世界重建的智慧沃土；另一方面，中国共产党人居于中华民族复兴事业的领导地位，其精神重建应在思想引领、精神力量、道德品格和理想信念等维度应该保持先进性。中国共产党人精神境界不断提升的过程，也会成为信仰日益忠诚的过程。

第七章

做理论和政策上的“明白人”

——忠于党的基本理论、路线和方略

本章提要

党员干部对党忠诚，要在思想上高度一致、情感上高度认同、心理上高度信赖。这就要求广大党员干部以党的基本理论为“主心骨”，以党的基本路线为“生命线”，以党的基本方略为“指明灯”，坚定“四个自信”，做马克思主义的忠诚信奉者坚定实践者，深学笃行习近平新时代中国特色社会主义思想，做理论和政策上的“明白人”和“先行者”。

树之茂盛靠根深，人之忠诚靠铸魂。忠诚于党，是每一位合格党员入党时面向党旗发乎于心的政治承诺。忠诚是党团结一致的“聚合剂”，也是党的力量的“倍增器”。党员干部对党忠诚，要在思想上高度一致、情感上高度认同、心理上高度信赖。习近平总书记指出：“对党绝对忠诚要害在‘绝对’两个字，就是唯一的、彻底的、无条件的、不掺任何杂质的、没有任何水分的忠诚。”“绝对”二字画出了忠诚的底线，阐述了忠诚的内涵。这种忠诚，不是盲目地从众或口号式地表态，而是来源于坚定的政治信仰，建基于理性的认知、真诚的情感，需要在长期反复的学习、实践、思考中铸就。这就要求广大党员干部对党的基本理论、路线和方略真学真信真用，真正认清其科学性，切实增强对党的路线方针政策的政治认同和情感认同，做理论和政策上的“明白人”和“先行者”。

第一节　坚持党的基本理论、路线和方略

回望中国近代以来的历史，我们可以清楚地看到：开拓伟大事业，实现宏伟蓝图，必须在科学理论指导下制定符合人民愿望的行动纲领，并带领人民为实现纲领而奋斗。

改革开放以来，围绕坚持和发展中国特色社会主义，我们党相继提出了基本理论、基本路线、基本纲领、基本经验、基本要求和基本方略。习近平总书记在党的十九大报告中指出：“全党同志必须全面贯彻党的基本理论、基本路线、基本方略，更好引领党和人民事业发展。”实际上，基本纲领、基本经验、基本要求都是依据党的基本理论、基本路线并结合当时社会条件提出的具有历史阶段性特征的基本目标、基本政策。这些目标、政策随着历史条件的变化，需要新的目标、政策来接

续、替代。党的基本方略是根据新时代坚持和发展中国特色社会主义的需要而提出的，是对党的基本纲领、基本经验、基本要求的总结、概括、提炼和融合。党的基本理论与党的基本路线、基本方略之间，本质上就是党的理论与党的路线方针政策的关系。强调坚持党的基本理论、基本路线、基本方略，明确了新时代我们党治国理政的大政方针，为决胜全面建成小康社会、夺取新时代中国特色社会主义伟大胜利提供了根本遵循。

（一）以党的基本理论为“主心骨”

科学理论是时代的精华，是引领社会前进的伟大旗帜。“中国共产党之所以能够历经艰难困苦而不断发展壮大，很重要的一个原因就是我们党始终重视思想建党、理论强党，使全党始终保持统一的思想、坚定的意志、协调的行动、强大的战斗力。”这是习近平总书记在纪念马克思诞辰200周年大会上回顾党的奋斗历程所得出的重要结论、所强调的根本经验。

中国共产党历来高度重视理论建设和理论指导，从马克思主义在中国的广泛传播和运用到开辟马克思主义中国化道路，形成毛泽东思想；从开创改革开放和社会主义现代化建设新时期到创立邓小平理论、“三个代表”重要思想、科学发展观，实现了指导思想在一脉相承基础上的与时俱进。党的十九大就新时代坚持和发展中国特色社会主义的一系列重大理论和实践问题阐明了大政方针，并将习近平新时代中国特色社会主义思想确立为我们党必须长期坚持的指导思想，提升了马克思主义中国化的新境界。

一方面，党的基本理论要发挥指导实践的作用，必须结合中国特色社会主义实践，因而必须体现到党的路线方针政策中。这就要求党的基本理论转化为党的行动的总纲领和纲领，即基本路线、基本方略以及在基本路线、基本方略指导下确立的各领域的决策部署。

另一方面，党员干部对党的基本理论的忠诚，是历史的、现实的，不是抽象的而是具体的。一生与真理同行，忠诚于党的创新理论的模范教员方永刚常说：“作为一个理论工作者，第一你要信你讲的东西。自己不信，还要研究它、传播它，这就必定很痛苦，写出来、讲出来的东西就言不由衷，就不是真情实感。我可以实实在在地告诉大家，我信它，所以我快乐!”中国特色社会主义进入新时代，广大党员干部是否真正坚持马克思列宁主义、毛泽东思想、邓小平理论、“三个代表”重要思想、科学发展观和习近平新时代中国特色社会主义思想，关系到是否理解、支持并践行党的路线、方针、政策，关系到党和国家事业的大局。

值得强调的是，坚持党的基本理论，马克思列宁主义、毛泽东思想一定不能丢，丢了就丧失根本。同时，我们一定要以我国改革开放和现代化建设的实际问题、以我们正在做的事情为中心，把党的基本理论作为“主心骨”，着眼于对实际问题的理论思考，着眼于新的实践和新的发展，不断推动党的基本理论向前发展。

（二）以党的基本路线为“生命线”

党在社会主义初级阶段的基本路线是：领导和团结全国各族人民，以经济建设为中心，坚持四项基本原则，坚持改革开放，自力更生，艰苦创业，为把我国建设成为富强民主文明和谐美丽的社会主义现代化强国而奋斗。

党的基本路线是在党的基本理论的指导下制定出来的。党的基本路线是党和国家的生命线，坚持党的基本路线是我们事业能够经受风险考验、顺利实现中国梦的最可靠的保证。历史、现实都告诉我们：只有坚持党的基本路线，才能得到人民的信任和拥护；只有按照党的基本路线坚定不移地干下去，才能把我国建成社会主义现代化强国。

《中共中央关于加强党的政治建设的意见》强调，党在社会主义初级阶段的基本路线作为党的政治路线，是党和国家的生命线、人民的幸福线，必须坚决捍卫、坚定执行。广大党员干部要客观地正确地认识我国现阶段的发展水平，牢牢立足社会主义初级阶段这个最大实际，坚持党在社会主义初级阶段的基本路线不动摇。

第一，坚持以经济建设为中心。以经济建设为中心是兴国之要，是我们党、我们国家兴旺发达和长治久安的根本要求。只有坚持经济建设为中心，不断增强综合国力，才能为经济、社会和人的协调发展打下坚实的物质基础，才能为解决前进道路上的矛盾和问题提供必要的前提。

第二，坚持四项基本原则。四项基本原则，是我们的立国之本，是我国人民在长期革命斗争中作出的历史性选择，是全党和全国各族人民团结的共同的政治基础，是改革开放和现代化建设健康发展的根本保证。同时，四项基本原则又从改革开放和现代化建设中获得新的时代内容。我们坚持社会主义道路，是坚持走具有中国特色的社会主义道路；坚持人民民主专政，以广泛的人民民主为基础，又为人民民主的充分发展提供有效的形式；坚持中国共产党的领导，同时不断提高党的领导水平和执政水平；坚持马克思列宁主义、毛泽东思想，重在坚持把马克思主义的基本原理同当代中国的实际结合起来，高举中国特色社会主义伟大旗帜。

第三，坚持改革开放。改革开放是解放和发展生产力的必由之路。我们实行的改革是全面改革，是在坚持社会主义基本制度的前提下，自觉调整生产关系和上层建筑的各个方面和环节，来适应社会主义初级阶段生产力发展水平和实现现代化的要求。开放包括对外对内的全面开放，以形成多层次、多渠道、全方位开放的格局。社会主义作为一种崭新的社会制度，必须继承和发展人类社会创造的一切文明成果。

第四，把握好新时代的社会主要矛盾。党的十八大以来，中国特色社会主义进入了新时代，我国社会主要矛盾已经转化为人民日益增长的美好生活需要和不平衡不充分的发展之间的矛盾。对我国社会主要矛盾的转化，需要把握"变"与"不变"的辩证关系。"变"的是新时代我国社会主要矛盾，"不变"的是社会主义初级阶段依然是我们的"最大实际"与"最大国情"。

第五，坚决捍卫党的基本路线。党的基本路线关系到我们事业的全局和根本，关系到党和国家的前途与命运，是制定其他一切具体工作路线、方针、政策的基本依据。全党必须坚决捍卫党的基本路线，对否定党的领导、否定我国社会主义制度、否定改革开放的言行，对歪曲、丑化、否定中国特色社会主义的言行，对歪曲、丑化、否定党的历史、中华人民共和国历史、人民军队历史的言行，对歪曲、丑化、否定党的领袖和英雄模范的言行，对一切违背、歪曲、否定党的基本路线的言行，必须旗帜鲜明反对和抵制。

总之，广大党员干部要牢牢坚持党的基本路线，以党的基本路线为“生命线”，在着力推动我国经济高质量发展的同时，更好解决我国社会出现的各种问题，更好实现各项事业全面发展，更好发展中国特色社会主义事业，更好推动人的全面发展、社会全面进步。

（三）以党的基本方略为“指明灯”

党的十九大提出了新时代坚持和发展中国特色社会主义的基本方略，即“十四个坚持”：坚持党对一切工作的领导，坚持以人民为中心，坚持全面深化改革，坚持新发展理念，坚持人民当家作主，坚持全面依法治国，坚持社会主义核心价值体系，坚持在发展中保障和改善民生，坚持人与自然和谐共生，坚持总体国家安全观，坚持党对人民军队的绝对领导，坚持“一国两制”和推进祖国统一，坚持推动构建人类命运共同体，坚持全面从严治党。

党的基本方略是在党的基本理论、基本路线指导下制定的，是党的基本路线的具体展开。这“十四个坚持”，涵盖坚持党的全面领导和全面从严治党，涵盖“五位一体”“四个全面”，涵盖国防和军队建设、维护国家安全、“一国两制”和祖国统一、对外战略，从理论和实践的结合上深刻回答了在新时代怎样坚持和发展中国特色社会主义的重大时代课题。这“十四个坚持”，不仅覆盖了党的基本纲领、基本经验、基本要求的内容，更是对党的治国理政重大方针和原则的最新概括，是实现“两个一百年”奋斗目标的“路线图”和“方法论”，是落实习近平新时代中国特色社会主义思想的实践要求。

这“十四个坚持”，每一条都有很强的现实针对性和指导性，广大党员干部要结合实际工作，以党的基本方略为“指明灯”，全面贯彻落实党的基本方略，确保决胜全面建成小康社会、夺取新时代中国特色社会主义伟大胜利。

总的来讲，党的基本理论、基本路线、基本方略是我们党带领人民推进改革开放的历史进程中形成的，三者各有其功能和作用。新时代，广大党员干部要结合工作实际，不断深化对党的基本理论、基本路线、基本方略的认识，切实增强贯彻落实的思想自觉和行动自觉。

第二节　坚定“自信”铸忠诚

自信者，人亦信之；自疑者，人亦疑之。中国特色社会主义，是科学社会主义理论逻辑和中国社会发展历史逻辑的辩证统一，是近代以来中国社会发展的必然选择。改革开放以来，我们取得一切成绩和进步的根本原因，归结起来就是：开辟了中国特色社会主义道路，形成了中国特色社会主义理论体系，确立了中国特色社会主义制度，发展了中国特色社会主义文化。新时代，广大党员干部应在坚定中国特色社会主义道路自信、理论自信、制度自信、文化自信中铸就忠诚，做到不忘初心跟党走，忠诚一辈子，奉献一辈子。

（一）坚定道路自信

“世界潮流，浩浩荡荡，顺之则昌，逆之则亡。”中国特色社会主义建设，本质上是对中国现代化道路的探索，又是对西方现代化的超越。改革开放以来，我们党高举中国特色社会主义伟大旗帜，“既不走封闭僵化的老路、也不走改旗易帜的邪路”，而是在人民群众的伟大实践中开创中国特色社会主义的新路。

中国特色社会主义道路，坚持以经济建设为中心，坚持四项基本原则，坚持改革开放；统筹推进经济、政治、文化、社会、生态文明“五位一体”总体布局，协调推进全面建成小康社会、全面深化改革、全面依法治国、全面从严治党“四个全面”战略布局；不断解放和发展社会生产力，逐步实现全体人民共同富裕、促进人的全面发展。

坚定道路自信，要深刻认识和把握中国特色社会主义道路的实质，这就是坚持一切从中国实际出发，实现马克思主义基本原理同中国实际相结合。实践表明，中国特色社会主义道路之所以能够引领中国发展进步，关键就在于既坚持科学社会主义的基本原则，又根据和平与发展的时代主题和社会主义初级阶段的最大实际，赋予其鲜明的时代特征和中国特色。这也是从西方发达国家现代化道路中不断取其精华去其糟粕，从中国现代化历程中不断总结经验的过程。

当代中国的历史性变革和历史性成就，都无可争辩地证明，中国特色社会主义这条道路走得通、走得对、走得好。中国特色社会主义这条道儿，我们看准了、认定了，必须忠实地坚定不移走下去。当然，中国特色社会主义道路也在实践中不断拓展，我们的自信会越来越坚定。

（二）坚定理论自信

理论的生命力，很大程度上取决于它能否成为一个时代的思想旗帜。中国共产党人以巨大的理论勇气和创新精神，在改革开放实践中形成和发展了中国特色社会主义理论体系，为在新的历史条件下坚持和发展马克思主义作出了历史性贡献。

中国特色社会主义理论体系写出了科学社会主义的新版本，凝结了几代中国共产党人团结带领人民不懈探索实践的智慧和心血，是党最可宝贵的政治和精神财富，是全国各族人民团结奋斗的共同思想基础。

坚定理论自信，要深刻认识和把握中国特色社会主义理论体系与改革开放的关系。改革开放既是形成这一理论体系的逻辑起点，又是推动这一理论体系不断丰富完善的强大动力。中国特色社会主义理论体系是在改革开放的接力探索中开创、形成和发展起来的，深刻体现了我们党为解决时代提出的新课题、科学认识和正确应对国际国内形势发展变化的理论思考，创造性地回答了建设什么样的社会主义、怎样建设社会主义，建设什么样的党、怎样建设党，实现什么样的发展、怎样发展等重大理论和实际问题。

坚定理论自信，要深刻认识和把握中国特色社会主义理论体系与毛泽东思想的关系。这一理论体系既继承了毛泽东思想，又把马克思主义中国化推向新的发展阶段。中国特色社会主义理论体系，凝结着改革开放前我们实践探索的心血和成果。毛泽东思想为中国特色社会主义道路的开辟和理论体系的形成奠定了思想理论基础。

坚定理论自信，要坚持同形形色色的错误思潮作斗争。在我国对外开放不断扩大和社会信息化深入发展的情况下，各种思潮观点众说纷纭、泥沙俱下，尤其需要我们有政治上的敏锐性、洞察力和判断力。针对有些人把中国特色社会主义误解为是有中国特色的资本主义、国家资本主义、权贵资本主义，习近平总书记强调指出：科学社会主义基本原则不能丢，丢了就不是社会主义。每一位党员干部要始终做到在党言党、在党忧党、在党为党，在社会思想意识多元、多样、多变的环境中做到“脑子特别清醒、眼睛特别明亮、立场特别坚定”，始终站在党的立场说话，大张旗鼓、旗帜鲜明地宣传党的声音、党的理论、党的方针，对违背党的理论和路线方针政策的言论，要加以反对和制止。

（三）坚定制度自信

社会制度是社会发展的根本支撑。在国内外错综复杂的形势下，中国特色社会主义制度在经济全球化大潮和激烈国际竞争中显示了旺盛生命力和巨大优越性，其根本原因就在于这一社会制度符合中国国情、体现发展规律。

中国特色社会主义制度体现在经济、政治、文化、社会、生态文明等各个方面，是当代中国发展进步的根本制度保障，是具有鲜明中国特色、明显制度优势、强大自我完善能力的先进制度。

坚定制度自信，要深刻认识和把握中国特色社会主义制度的原则。科学社会主义基本原则有许多条，其中最重要的是两个方面：一是解放生产力，发展生产力；二是消除两极分化，实现共同富裕。正是在这两个最基本的方面，中国特色社会主义制度实现了理论与实践相结合、原则与现实相统一。

坚定制度自信，要深刻认识和把握中国特色社会主义制度的特征。社会主义制度是“变”与“不变”辩证统一的过程。改革是社会主义制度的自我完善与发展，改革的过程是社会主义制度“变”与“不变”辩证统一的集中体现。中国特色社会主义制度鲜明体现了社会主义这种内在规律。

（四）坚定文化自信

文化自信是更基础、更广泛、更深厚的自信，是一个国家、一个民族发展中更基本，更深沉、更持久的力量。没有高度的文化自信，没有文化的繁荣兴盛，就没有中华民族伟大复兴。坚定中国特色社会主义道路自信、理论自信、制度自信，说到底是要坚定文化自信。

中国特色社会主义文化积淀着中华民族最深沉的精神追求，代表着中华民族独特的精神标识，是激励全党全国各族人民奋勇前进的强大精神力量。中国特色社会主义文化，源自于中华民族 5000 多年文明历史所孕育的中华优秀传统文化，熔铸于党领导人民在革命、建设、改革中创造的革命文化和社会主义先进文化，植根于中国特色社会主义伟大实践。

坚定文化自信，要汲取中华优秀传统文化。文化是民族的血脉和根基。源远流长的中华传统文化为中华民族生生不息、发展壮大提供了丰厚滋养。中华文明之所以历经数千年而长盛不衰，其奥秘就在于中华传统文化既坚守根本又不断与时俱进的独特品质。我们应审慎对待、科学认识传统文化的稳定性与差异性、普遍性与特殊性，从而使其中的优秀文化更好地融入中国特色社会主义文化建设之中，造就实现中国梦的强大文化力量。

坚定文化自信，要传承弘扬红色革命文化。中国共产党肩负中华民族伟大复兴的历史重任，在艰难和困苦中带领人民，铸就了像井冈山精神、长征精神、延安精神、西柏坡精神等一系列烛照后人的革命精神，形成了极具时代色彩的红色革命文化。红色革命文化是中华文明在特定历史时空下的具体展现，还是我们不断增强文化自信，不忘初心，继续前进和实现中华民族伟大复兴中国梦的坚实依托。

坚定文化自信，要发展社会主义先进文化。应认识到核心价值观是文化软实力建设的重点，是增强文化自信的根本所在，也是决定文化性质和方向的最深层次要素。

“历尽天华成此景，人间万事出艰辛”。中国特色社会主义的道路自信、理论自信、制度自信、文化自信，来源于实践、来源于人民、来源于真理。习近平总书记指出：“当今世界，要说哪个政党、哪个国家、哪个民族能够自信的话，那中国共产党、中华人民共和国、中华民族是最有理由自信的。”坚定“四个自信”，我们就能毫无畏惧面对一切困难和挑战，就能坚定不移开辟新天地、创造新奇迹。

第三节 做马克思主义的忠诚信奉者坚定实践者

理论上成熟是政治上忠诚、坚定的基础。2019 年 3 月 1 日，习近平总书记在中央党校（国家行政学院）中青年干部培训班开班式上强调，我们党在中国这样一个有着近14亿人口的大国执政，面对十分复杂的国内外环境，肩负繁重的执政使命，如果缺乏理论思维，是难以战胜各种风险和困难的，也是难以不断前进的。这就要求我们加强理论学习，掌握和运用辩证唯物主义和历史唯物主义，掌握贯穿其中的马克思主义立场、观点、方法，深入认识共产党执政规律、社会主义建设规律、人类社会发展规律。

（一）坚守马克思主义基本立场

立场，是人们观察、认识和处理问题的立足点。这个立足点，从根本上讲是由人们的经济、政治、社会利益和地位决定的。

任何一条符合人类社会发展规律、发展趋势和发展潮流的道路，必然既具有真理性，又具有价值性。人民性是马克思主义最鲜明的品格。从马克思、恩格斯在《共产党宣言》中明确提出共产党人始终坚持为无产阶级、为绝大多数劳动人民谋利益，到列宁强调党是无产阶级的先进部队，要为人民群众服务、代表他们的利益；从毛泽东同志关于共产党人必须全心全意为人民服务的重要思想，到邓小平同志关于必须把人民拥护不拥护、赞成不赞成、高兴不高兴、答应不答应作为衡量改革和一切事业根本标准的重要思想，到江泽民同志关于中国共产党必须始终代表最广大人民根本利益的重要思想，到胡锦涛同志关于必须把最广大人民的根本利益作为贯彻落实科学发展观的根本出发点和落脚点的重要思想，到习近平同志强调"以人民为中心"的发展思想，从中我们可以清楚地看到一条一脉相承又与时俱进的思想主线，这就是：始终站在人民大众立场上，一切为了人民、一切相信人民、一切依靠人民，诚心诚意为人民谋利益。这是马克思主义的根本出发点和落脚点。

可以说，我们党近百年来之所以得到人民拥护和支持，从根本上说，就是因为能始终站在人民大众立场上，始终不脱离、不动摇这个立场，代表中国最广大人民根本利益，就是坚持群众是真正的英雄，尊重人民首创精神，最广泛动员和组织人民投身到党领导的伟大事业中来。

《中共中央关于加强党的政治建设的意见》强调，全党必须始终坚定马克思主义立场，坚持党性和人民性相统一，坚决站稳党性立场和人民立场。要坚持以党的旗帜为旗帜、以党的方向为方向、以党的意志为意志，始终做到在党言党、在党忧党、在党为党，任何时候都同党同心同德。要坚持以人民为中心，立党为公、执政为民，践行全心全意为人民服务的根本宗旨，树立真挚的人民情怀，把人民放在心中最高位置，始终相信人民，紧紧依靠人民，把人民对美好生活的向往作为奋斗目标。要把对党负责和对人民负责高度统一起来，想问题、作决策、办事情都从人民利益出发，崇尚实干、勤政为民，把精力和心思用在稳增长、促改革、调结构、惠民生、防风险、保稳定上，着力解决人民群众最关心最直接最现实的利益问题，努力让人民群众有更多获得感、幸福感、安全感。

（二）掌握马克思主义基本观点

马克思主义的基本观点是马克思主义关于自然、社会和人类思维规律的科学认识，是对自然界规律和人类社会实践经验的科学总结。德国哲学家汉斯·海因茨·霍尔茨说：“马克思还活着，因为他的理论今天依旧适用，其思想对我们的鼓舞并未停顿。马克思是我们当中的一员，为我们照亮了当代社会，指明了未来的道路。”

第一，掌握马克思主义关于世界统一于物质、物质决定意识的思想。遵循这一观点，最重要的就是坚持一切从客观实际出发，从而使主观世界更好符合客观实际，按照实际决定工作方针。这是广大党员干部认识当下、规划未来、制定政策、推进事业的客观基点。

第二，掌握马克思主义关于事物矛盾运动的思想。矛盾是普遍存在的，是事物联系的实质内容和事物发展的根本动力。人的认识活动和实践活动，从根本上说就是不断认识矛盾、不断解决矛盾的过程。问题是事物矛盾的表现形式，强调增强问题意识、坚持问题导向，就是承认矛盾的普遍性、客观性，就是要善于把认识和化解矛盾作为打开工作局面的突破口。

第三，掌握马克思主义关于认识和实践辩证关系的思想。实践决定认识，是认识的源泉和动力，也是认识的目的和归宿。推进各项工作，根本的还是要靠实践出真知。必须高度重视理论的作用，对经过反复实践和比较得出的正确理论，要坚定不移地坚持。同时要根据时代变化和实践发展，不断深化认识，不断总结经验，不断实现理论创新和实践创新良性互动。

第四，掌握马克思主义关于人类社会发展规律的思想。马克思、恩格斯坚信，未来社会“将是这样一个联合体，在那里，每个人的自由发展是一切人的自由发展的条件”。广大党员干部要深刻认识实现共产主义是由一个一个阶段性目标逐步达成的历史过程，把共产主义远大理想同中国特色社会主义共同理想统一起来、同我们正在做的事情统一起来。

第五，掌握马克思主义关于生产力和生产关系的思想。马克思主义认为，物质生产力是全部社会生活的物质前提，同生产力发展一定阶段相适应的生产关系的总和构成社会经济基础。生产力和生产关系、经济基础和上层建筑相互作用、相互制约，支配着整个社会发展进程。解放和发展社会生产力是社会主义的本质要求，是中国共产党人接力探索、着力解决的重大问题。

第六，掌握马克思主义关于人民民主的思想。马克思、恩格斯指出，“无产阶级的运动是绝大多数人的，为绝大多数人谋利益的独立的运动”，“工人阶级一旦取得统治权，就不能继续运用旧的国家机器来进行管理”，必须“以新的真正民主的国家政权来代替”。国家机关必须由社会主人变为社会公仆，接受人民监督。

第七，掌握马克思主义关于文化建设的思想。马克思认为，在不同的经济和社会环境中，人们生产不同的思想和文化，思想文化建设虽然决定于经济基础，但又对经济基础发生反作用。先进的思想文化一旦被群众掌握，就会转化为强大的物质力量；反之，落后的、错误的观念如果不破除，就会成为社会发展进步的桎梏。

第八，掌握马克思主义关于社会建设的思想。马克思、恩格斯设想，在未来社会中，“生产将以所有的人富裕为目的”，“所有人共同享受大家创造出来的福利”。恩格斯结合马克思在《共产党宣言》《哥达纲领批判》《资本论》等著作中提出的一系列主张，阐明在社会主义条件下，社会应该“给所有的人提供健康而有益的工作，给所有的人提供充裕的物质生活和闲暇时间，给所有的人提供真正的充分的自由”。

第九，掌握马克思主义关于人与自然关系的思想。马克思认为，

“人靠自然界生活”，自然不仅给人类提供了生活资料来源，而且给人类提供了生产资料来源。自然是生命之母，人与自然是生命共同体，人类必须敬畏自然、尊重自然、顺应自然、保护自然。

第十，掌握马克思主义关于世界历史的思想。马克思、恩格斯说：“各民族的原始封闭状态由于日益完善的生产方式、交往以及因交往而自然形成的不同民族之间的分工消灭得越是彻底，历史也就越是成为世界历史。”马克思、恩格斯当年的这个预言，现在已经成为现实，历史和现实日益证明这个预言的科学价值。

第十一，掌握马克思主义关于马克思主义政党建设的思想。马克思认为，“在无产阶级和资产阶级的斗争所经历的各个发展阶段上，共产党人始终代表整个运动的利益”，“他们没有任何同整个无产阶级的利益不同的利益”，而是要“为绝大多数人谋利益”，为建设共产主义社会而奋斗。始终同人民在一起，为人民利益而奋斗，是马克思主义政党同其他政党的根本区别。

（三）运用马克思主义基本方法

恩格斯指出：“马克思的整个世界观不是教义，而是方法。它提供的不是现成的教条，而是进一步研究的出发点和供这种研究使用的方法。”马克思主义的世界观和方法论是有机统一的，学会运用马克思主义的基本方法，是广大党员干部提升马克思主义素养、提升工作能力的重大任务。

第一，坚持问题导向。坚持问题导向，要敢于正视问题、善于发现问题。面对纷繁复杂的国内外形势，要学会在国际国内相互联系中发现问题，在改革发展实践中发现问题，在总结经验教训中发现问题，深入思考并及时发现事业进程中的新情况、由此全面把握矛盾，掌握解决问题的主动。坚持问题导向，要敢于触及矛盾、长于解决问题。增强问题意识，既要见思想，更要见行动，需要党员干部以解决问题为工作导向，瞄着问题去，追着问题走，把化解矛盾、破解难题作为履职尽责的第一要务。

第二，坚持实事求是。坚持实事求是，就是坚持一切从实际出发来研究和解决问题，坚持理论联系实际来制定和形成指导实践发展的正确路线方针政策，坚持在实践中检验真理和发展真理。坚持实事求是，基础在于搞清楚“实事”，深入了解实际、掌握实情，真正掌握全面、真实、丰富、生动的第一手材料。坚持实事求是，关键在于“求是”，深入探求和掌握事物发展的规律，再用以指导实践、推动实践，在实践中使认识得到检验、修正、丰富和发展。坚持实事求是，方法在于不断解放思想。只有解放思想，不断研究新情况、解决新问题，把思想认识从各种不合时宜的观念、做法和体制的束缚中解放出来，才能使我们正确地把握不断发展变化着的客观实际，才能使我们的思想认识符合客观实际。

第三，运用唯物辩证的思想方法。客观地而不是主观地、发展地而不是静止地、全面地而不是片面地、系统地而不是零散地、普遍联系地而不是孤立地观察事物、分析问题、解决问题，在矛盾双方对立统一的过程中把握事物发展规律，这是学习和掌握唯物辩证思想方法的基本要求。只有学会辩证地分析和比较从局部到全局、从眼前到长远的发展形势，学会辩证地认识和比较国内外经济、政治、文化的发展趋势，学会辩证地思考和比较历史的和现实的发展经验，才能善于把本地区本部门本单位的工作放到局部与全局、眼前与长远、国内与国外、历史与现实的大形势、大趋势和历史经验之中去考虑、去研究，才能作出正确谋断和决策。

第四，运用群众路线的工作方法。一切为了群众、一切依靠群众，从群众中来、到群众中去的群众路线，是马克思主义历史唯物主义基本原理在实际工作中的具体体现，也是我们党始终坚持的根本工作路线和根本工作方法。新时代，广大党员干部要从政治的高度深刻认识密切联系群众的重要性，放下架子，扑下身子，深入实际、深入基层，从群众中寻找解决问题的方案和办法，使决策和执行充分体现民心民意。要深入研究新形势下群众工作的规律和特点，努力提高群众工作的针对性和有效性，在改革发展过程中处理好效率与公平的关系，充分调动各方面群众的积极性主动性创造性；在利益格局调整的过程中兼顾不同群体的利益诉求，妥善协调和处理不同方面群众的利益关切；在思想观念发展变化的过程中寻找与群众交流沟通的共同语言，拉近与群众的思想感情距离，努力掌握为人民服务的科学方法，提高为人民服务的实际本领。

第四节　深学笃行习近平新时代中国特色社会主义思想

党的十八大以来，习近平总书记以马克思主义政治家、思想家的洞察力、判断力和创造力，紧密结合新的时代条件和实践要求，在进行重大实践创新基础上，取得了重大理论创新成果，创立了习近平新时代中国特色社会主义思想。十三届全国人大一次会议通过的宪法修正案，郑重地把习近平新时代中国特色社会主义思想载入宪法，实现了从党的指导思想向国家指导思想的拓展，实现了国家指导思想的与时俱进。在当前，学习掌握党的基本理论、路线、方略的首要任务，就是深入学习并坚定笃行习近平新时代中国特色社会主义思想。

（一）理解时代价值

习近平新时代中国特色社会主义思想在新的伟大斗争中，成为我国社会主义经济、政治、文化、社会、生态文明建设以及国防军队、祖国统一、外交工作、党的建设等各方面工作的科学指南。这一思想贯穿改革发展稳定、内政外交国防、治党治国治军各个领域，既坚持“老祖宗”，又讲了很多新话，实现了马克思主义基本原理与中国具体实际相结合的新飞跃，是对马克思列宁主义、毛泽东思想、邓小平理论、“三个代表”重要思想、科学发展观的继承和发展，是21世纪中国的马克思主义，是马克思主义中国化最新成果，开辟了马克思主义新境界。

习近平新时代中国特色社会主义思想，在党领导人民推进“四个伟大”的历史进程中，展现出强大的真理力量、独特的思想魅力、巨大的实践伟力，得到了全党全国各族人民高度的政治认同、思想认同、情感认同，成为指引为人民谋幸福、为民族谋复兴的思想之旗，成为凝聚中国人民勠力同心、奋勇前进的精神之魂。这一思想是我们党推进社会革命和自我革命的最新成果，也是继续推进“两大革命”的科学指南。这一思想为中国特色社会主义注入了新的科学内涵，进一步彰显了中国特色社会主义时代特色、实践特色、理论特色、民族特色，续写了中国特色社会主义的光辉篇章，开辟了中国特色社会主义新境界。

确立习近平新时代中国特色社会主义思想在国家政治生活和社会生活中的指导地位，实现了党的主张和国家意志、人民意愿的高度统一，体现了党的性质和我国国体的内在统一，筑牢了全党全国各族人民为实现中华民族伟大复兴而奋斗的共同思想基础。

（二）抓住核心要义

党的十九大报告指出，“中国特色社会主义是改革开放以来党的全部理论和实践的主题，是党和人民历尽千辛万苦、付出巨大代价取得的根本成就”。坚持和发展中国特色社会主义，是习近平新时代中国特色社会主义思想的核心要义。具体体现在它从理论和实践结合上系统回答了新时代坚持和发展什么样的中国特色社会主义、怎样坚持和发展中国特色社会主义这个重大时代课题。

坚持和发展中国特色社会主义，是改革开放以来党的全部理论和实践的主题，自从邓小平在党的十二大开幕词中正式提出“建设有中国特色的社会主义”开始，中国特色社会主义就成为党的历次代表大会的主题词。

党的十八大以来，习近平总书记不断深化对中国特色社会主义的认识思考，提出了许多重大论断、重要思想。比如，强调要正确认识改革开放前后“两个 30 年”的关系，从历史维度、政治高度阐明了社会主义在中国建设和发展的连续性完整性；强调中国特色社会主义道路有“四个走出来”，将中国特色社会主义道路的开辟，从改革开放回溯到新中国成立以来，上溯到中国近代史乃至中华民族史，深刻揭示了中国特色社会主义的历史源流、民族基因和实践基础；强调中国共产党领导是中国特色社会主义最本质特征和最大制度优势，这是中国共产党、中国人民坚持和发展中国特色社会主义最重要的认识成果、最根本的规律总结；强调要坚持中国特色社会主义道路、理论、制度、文化自信，将“三个自信”扩展为“四个自信”，使我们对社会主义的认识在理论维度、实践维度、制度维度的基础上，又增加了更基本、更深沉、更持久的文化维度等。这些重要论述丰富拓展了中国特色社会主义的内涵和外延，是理解十八大以来中国治理、中国叙事、中国实践的重要密匙。说一千道一万，这些重要论述归结为一点，都是为了坚持和发展中国特色社会主义，也是对中国特色社会主义的坚持和发展。

（三）掌握创新观点

习近平新时代中国特色社会主义思想内涵十分丰富，包括新时代坚持和发展中国特色社会主义的总目标、总任务、总体布局、战略布局和发展方向、发展方式、发展动力、战略步骤、外部条件、政治保证等方面的基本问题，并根据新的实践对经济、政治、法治、科技、文化、教育、民生、民族、宗教、社会、生态文明、国家安全、国防和军队、“一国两制”和祖国统一、统一战线、外交、党的建设等各方面作出理论分析和政策指导，构成了一个系统完整、逻辑严密、相互贯通的思想理论体系。

党的十九大报告用“八个明确”概括了这一重大思想的主要创新观点。第一，明确坚持和发展中国特色社会主义，总任务是实现社会主义现代化和中华民族伟大复兴，在全面建成小康社会的基础上，分两步走在本世纪中叶建成富强民主文明和谐美丽的社会主义现代化强国。第二，明确新时代我国社会主要矛盾是人民日益增长的美好生活需要和不平衡不充分的发展之间的矛盾，必须坚持以人民为中心的发展思想，不断促进人的全面发展、全体人民共同富裕。第三，明确中国特色社会主义事业总体布局是“五位一体”、战略布局是“四个全面”，强调坚定道路自信、理论自信、制度自信、文化自信。第四，明确全面深化改革总目标是完善和发展中国特色社会主义制度、推进国家治理体系和治理能力现代化。第五，明确全面推进依法治国总目标是建设中国特色社会主义法治体系、建设社会主义法治国家。第六，明确党在新时代的强军目标是建设一支听党指挥、能打胜仗、作风优良的人民军队，把人民军队建设成为世界一流军队。第七，明确中国特色大国外交要推动构建新型国际关系，推动构建人类命运共同体。第八，明确中国特色社会主义最本质的特征是中国共产党领导，中国特色社会主义制度的最大优势是中国共产党领导，党是最高政治领导力量，提出新时代党的建设总要求，突出政治建设在党的建设中的重要地位。

总之，习近平新时代中国特色社会主义思想，凝结着我们党坚持和发展中国特色社会主义的经验总结，是对党的治国理政重大方针、原则的最新概括，体现了理论与实际相结合、战略和战术相一致、认识论和方法论相统一的理论特色。

（四）真学真信笃行

新时代，广大党员干部学习贯彻习近平新时代中国特色社会主义思想，要坚持理论联系实际，坚持学用一致，在武装头脑、指导实践、推动工作上下功夫，在统一思想、凝聚力量上取得实效，在落实部署、见诸行动上取得实效，真正做到学深悟透、融会贯通、真信笃行。

第一，坚持读原著、学原文、悟原理。学习习近平新时代中国特色社会主义思想，必须有一种“学到底”的精神。原著原文是最权威的，只有学深学透原著原文，才能全面准确把握这一思想的真谛真义、思想精华。要坚持原原本本地学、专心致志地读、深入学习领会这一思想的核心要义和基本精神，学习领会这一思想的理论特色和内在要求。

第二，深刻认识习近平新时代中国特色社会主义思想的重大政治意义、理论意义、实践意义，深入学习领会习近平新时代中国特色社会主义思想的时代背景、历史地位、精神实质、科学内涵、基本要求，切实增强政治认同、思想认同、情感认同。

第三，着重掌握这一思想贯穿的马克思主义立场观点方法，深刻领会蕴含其中的坚定信仰信念、鲜明人民立场、强烈历史担当、求真务实作风、勇于创新精神和科学思想方法，真正用以武装头脑、铸造灵魂、指导实践、推动工作。

第四，切实把思想和行动统一到习近平新时代中国特色社会主义思想上来，进一步增强政治意识、大局意识、核心意识、看齐意识，自觉在思想上政治上行动上同以习近平同志为核心的党中央保持高度一致，坚决维护习近平总书记党中央的核心、全党的核心地位，维护党中央权威和集中统一领导。

第五，大力弘扬理论联系实际的学风，强化问题意识、树立问题导向，着力提高学习本领、政治领导本领、改革创新本领、科学发展本领、依法执政本领、群众工作本领、狠抓落实本领、驾驭风险本领，努力在解决改革发展稳定的重大问题、人民群众反映强烈的热点难点问题、党的建设的突出问题上取得新的突破，创造新的业绩。

第六，用实干和担当引领广大群众共同践行习近平新时代中国特色社会主义思想。在群众的眼里，党员特别是领导干部是党的形象的化身，其一言一行都有很大的影响力。党员干部既是习近平新时代中国特色社会主义思想的学习实践者，又应当是积极传播者，是这一思想联系群众的“桥梁”。而支撑这座“桥梁”，则需要把握事业发展和人民群众的新期待，勇担当、敢担当、善担当，增强进取心、提振精气神，着力解决工作中的突出问题和明显短板，以踏石留印、抓铁有痕的作风，埋头苦干，积极作为，引领广大群众创造性地推进各项工作。

总之，新时代，广大党员干部要深入学习习近平新时代中国特色社会主义思想，要深刻认识和领会其时代意义、理论意义、实践意义、世界意义，深刻理解其核心要义、精神实质、丰富内涵、实践要求。要紧密结合新时代新实践，紧密结合思想和工作实际，有针对性地重点学习，多思多想、学深悟透，知其然又知其所以然。要读原著、学原文、悟原理，强读强记，常学常新，往深里走、往实里走、往心里走，把自己摆进去、把职责摆进去、把工作摆进去，做到学、思、用贯通，知、信、行统一。

第八章

做政治上的“坚定者”

——忠于党的政治纪律和政治规矩

本章提要

对党忠诚是共产党人的生命线，是融入血脉、融入灵魂的本质要求。实践中，广大党员干部要不断增强“四个意识”、做到“两个维护”，严格遵循组织程序，决不允许擅作主张、我行我素，坚决服从组织决定、维护党的团结，积极发扬优良传统、涵养政治生态。

忠诚，必须坚持知行合一、做到言行一致。中国共产党是以理想信念立身、言行一致的政党，党内绝不允许有对党言行不一致的党员。对党忠诚是共产党人的生命线，是融入血脉、融入灵魂的本质要求，是做好各项工作的根本点。对党忠诚是政治标准，更是实践标准，要做政治上的“坚定者”，忠于党的政治纪律和政治规矩。实践中，要不断增强“四个意识”，做到“两个维护”；要严格遵循组织程序，决不允许擅作主张、我行我素；要坚决服从组织决定，维护党的团结；要切实管好亲属和身边工作人员；要积极发扬优良传统，涵养政治生态。

第一节　增强“四个意识”、做到“两个维护”

对党忠诚，不只是关系党员干部政治品行、道德修养的问题，更是关系党的团结和集中统一的重大政治问题。我们党有近9000万党员、450多万党组织，在一个13亿多人口的大国长期执政，如果没有一个坚强有力的领导核心，如果党中央没有权威，大家各自为政、各行其是，想干什么就干什么，就会成为一盘散沙，就什么事情也办不成。

对党忠诚，第一位的要求就是坚决维护习近平总书记的核心地位、坚决维护党中央权威和集中统一领导。全党要增强“四个意识”、做到“两个维护”，这是忠于党的政治纪律和政治规矩第一位的要求。全体党员干部要始终在政治立场、政治方向、政治原则、政治道路上同以习近平同志为核心的党中央保持高度一致。全体党员干部要坚持党的领导，坚持党的基本理论、基本路线、基本纲领、基本经验、基本要求，同党中央保持高度一致，自觉维护中央权威。

民族复兴梦想越接近，改革开放任务越繁重，越要居安思危，越要增强“四个意识”。执政以来，我们党面临的“四大考验”“四大危险”是长期的、复杂的、严峻的。只有不断增强党员干部队伍中的政治意识、大局意识、核心意识、看齐意识，才能确保思想上政治上行动上始终同党中央保持高度一致，才能真正将对党忠诚落到实处。

（一）不断增强政治意识

2014年10月23日，习近平总书记在《当前工作中需要注意的几个问题》中鲜明指出：我们党作为马克思主义政党，讲政治是突出的特点和优势。没有强有力的政治保证，党的团结统一就是一句空话。我国曾经有过政治挂帅、搞“阶级斗争为纲”的时期，那是错误的。但是，我们也不能说政治就不讲了、少讲了，共产党不讲政治还叫共产党吗？“纪纲一废，何事不生？”

增强政治意识最根本、最紧要的是理想信念的坚定性。对马克思主义的信仰，对社会主义和共产主义的信念，是共产党人的政治灵魂，是共产党人经受住任何考验的精神支柱。理想信念立，政治定力生。一些领导干部政治上变质、经济上贪婪、道德上堕落、生活上腐化，说到底都是因为理想信念宗旨这个根基发生了动摇，世界观、人生观、价值观这个“总开关”出现了问题。有的不信马列信鬼神，不信理想信方术，不敬人民敬“大师”，精神极度空虚；有的把共产主义看成虚无缥缈的海市蜃楼，对社会主义前途命运丧失信心，思想消极颓废；有的把西方三权分立、多党制那一套奉为圭臬，价值观发生偏差。没有理想信念的党员领导干部必然没有政治立场，丧失政治定力，在道路选择问题上，在举旗定向问题上出现人云亦云，无法确立对中国特色社会主义的道路自信、理论自信、制度自信、文化自信。有的滑向庸俗的圈子文化，有的不断触碰党纪国法的底线，出现“七个有之”，为了自己的所谓仕途，为了自己的所谓影响力，搞任人唯亲、排斥异己的有之，搞团团伙伙、拉帮结派的有之，搞匿名诬告、制造谣言的有之，搞收买人心、拉动选票的有之，搞封官许愿、弹冠相庆的有之，搞自行其是、阳奉阴违的有之，搞尾大不掉、妄议中央的也有之，如此等等。有的人已经到了肆无忌惮、胆大妄为的地步！

增强政治意识要不断提高政治能力，善于从政治上观察和处理问题。德为才之帅，才为德之资。增强政治意识不是一个抽象的概念，更不是一个空头口号，最终要落实到党员干部的政治能力上。要在不同岗位中注意加强政治历练，积累政治经验。要在实践锻炼中使自己的政治能力与担任的领导职责相匹配，不断提高把握方向、把握大势、把握全局的能力，不断提高保持政治定力、驾驭政治局面、防范政治风险的能力。要始终把政治和经济、政治和技术、政治和业务联系起来看，对于风险做到见微知著、防患于未然，自觉做到在大局下思考和行动，提升自身的政治站位、政治敏锐性和政治鉴别力。

（二）不断增强大局意识

2013 年 7 月 11—12 日，习近平总书记在河北调研指导党的群众路线教育实践活动时指出，“高级干部要牢固树立政治意识、大局意识、责任意识，善于观大势、谋大事，自觉在大局下想问题、做工作”。2015 年 11 月 24 日，习近平总书记《在中央军委改革工作会议上的讲话》中也指出，高层领导机关和高级干部要带头讲政治、顾大局、守纪律、促改革、尽职责，坚决维护党中央、中央军委改革决策部署的权威性和严肃性。

增强大局意识体现在行为导向上就要勇挑重担、敢担责任，就是坚持党的原则第一、党的事业第一、人民利益第一，敢于旗帜鲜明，敢于较真碰硬，为了党和人民的事业，领导干部尤其要敢想、敢做、敢当，坚持以人民为中心，担当起该担当的责任。刘伯承同志就是这方面的榜样。邓小平曾经评价刘伯承同志党性坚强，说他考虑问题从党的全局出发，事事顾全大局，服从大局。为了党的整体利益，他总是毫不犹豫地牺牲个人和局部利益，总是主动挑起最危险的任务，兢兢业业，排除万难去圆满完成。刘伯承的这种态度，堪称执行党的各项决议和中央战略方针的典范。

当前我国正处于发展的重要战略机遇期，又处于社会矛盾凸显期。由于经济发展模式转换、体制深层次改革和全方位对外开放正在加速转型，我国社会管理的风险和难度加大，各个领域存在的问题还不少。经济社会的深刻转型尤其需要领导干部坚持大局意识，勇挑重担、敢担责任，把敢不敢担当作为重要的标尺衡量广大党员干部。

增强大局意识要求各级领导干部牢固树立大局观念，跳出部门本位主义和地方保护主义，共同推动各项改革落地，形成强大合力。将改革的力度、发展的速度和社会可承受的程度统一起来，把改善人民生活作为正确处理改革发展稳定关系的结合点，自觉肩负起历史赋予中国共产党人的重任，挑起改革、发展、稳定的重任。对可能发生的各种风险，各级领导干部、各级党委和政府要增强责任感和自觉性，把自己职责范围内的风险防控好，不能把防风险的责任都推给上面，也不能把防风险的责任都留给后面，更不能在工作中不负责任地制造风险。要加强对各种风险源的调查研判，提高动态监测、实时预警能力，推进风险防控工作科学化、精细化，对各种可能的风险及其原因都要心中有数、对症下药、综合施策，出手及时有力，力争把风险化解在源头，不让小风险演化为大风险，不让个别风险演化为综合风险，不让局部风险演化为区域性或系统性风险，不让经济风险演化为社会政治风险，不让国际风险演化为国内风险。

增强大局意识要求各级领导干部坚持问题导向，哪里矛盾多、群众诉求多、难题多，眼睛就往哪里盯，力量就往哪里使，在急难险重任务面前挺身而出。“为官避事平生耻”，领导干部在大是大非、危难关头坚持原则、敢于担当体现着干部的党性，体现着干部的胸怀、勇气和格调。遇到复杂问题不慌不忙，不推不滑，积极主动、成熟地应对各种复杂局面的挑战，做出经得起实践、人民、历史检验的实绩。

（三）牢固树立核心意识

一个国家一个政党，领导核心至关重要，是坚持加强党的领导根本保证，是赢得新的历史特点伟大斗争，坚持发展中国特色社会主义事业的迫切需要，是引领新时代的迫切需要，是党和国家前途命运所系，是全国各族人民根本利益所在。1989 年 6 月 16 日，邓小平强调：任何一个领导集体都要有一个核心，没有核心的领导是靠不住的。我们党“第一代领导集体的核心是毛主席。第二代实际上我是核心”。中国问题的关键在于共产党要有一个好的政治局，特别是好的政治局常委会。我们说党的基本路线要管 100 年，要长治久安，就要靠这一条。真正关系到大局的是这个事。

牢固树立核心意识就要坚决维护以习近平同志为核心的党中央权威，坚决服从党中央集中统一领导。这是党的十九大报告中政治建设的首要任务。我们党有近9000万党员、450多万个基层党组织，在13亿多人口的大国长期执政，要治理好这样一个大党、大国，保证党的团结和集中统一至关重要，维护党中央权威至关重要，坚决与习近平同志为核心的党中央保持高度一致，决不允许自行其是、各自为政，决不允许有令不行、有禁不止，决不允许搞上有政策、下有对策。核心意识要求在思想上绝对认同核心，政治上坚决维护核心，组织上绝对服从核心，行动上精准对表核心。

牢固树立核心意识，要求做到思想上绝对认同核心。思想上的清醒来自理论上的坚定，灵魂深处的认同源自对科学信仰的坚信。党的十九大报告确立的习近平新时代中国特色社会主义思想充满了真理力量、实践精神、为民情怀、问题意识和世界眼光，是进行具有许多新的历史特点伟大斗争的强大思想武器，是坚持和发展中国特色社会主义的行动指南。党员干部只有坚持读原著、学原文、悟原理，坚持系统学、联系实际学、带着问题学，努力掌握贯穿其中的马克思主义立场观点方法，力求学深学透、入脑入心、学以致用，才能进一步正本清源、固本强元，才能切实打牢心中有核心、忠诚于核心的思想基础。

牢固树立核心意识，要求做到行动上精准对标核心。"耳闻之不如目见之，目见之不如足践之。"增强核心意识，不能是一句空话，需要每个党员干部拿出实实在在的举措，化为实实在在的行动。要自觉向新一届党中央学习，向习近平总书记学习，坚持把在党言党、在党为党作为己任，把爱党、忧党、兴党、护党落实到工作的各个环节和方方面面，使之成为一种习惯、一种自觉，用实际行动为党和人民的事业尽忠尽责。要经常用中央的决定决议、中央的最新精神、中央的原则要求对照自己的言行，及时校准思想之标、调正行为之舵、绷紧作风之弦。在正心修身上，要经常对照"忠诚干净担当"的要求，做心中有党、心中有民、心中有责、心中有戒的党员干部；在工作作风上，要经常对照"三严三实""党内政治生活"的要求，做立根固本、落细落小、修枝剪叶、从谏如流的践行者；在廉洁自律上，要经常对照《中国共产党廉洁自律准则》《中国共产党纪律处分条例》的要求，做廉洁从政、廉洁用权、廉洁修身、廉洁齐家的表率。

（四）牢固树立看齐意识

70多年前的1945年4月，毛泽东在党的七大上讲到要把大会开成是一个团结的大会、胜利的大会时指出，“一个队伍里头，人们的思想有正确的，也有错误的，经常是不整齐的”，“我们要向中央基准看齐，向大会基准看齐”。① 70多年后的2015年12月，习近平总书记在中央政治局民主生活会上又一次强调看齐，强调政治局同志必须有很强的看齐意识，经常、主动向党中央看齐，向党的理论和路线方针政策看齐。

牢固树立看齐意识，不仅是习近平总书记对中央政治局领导同志提出的要求，也是对全党提出的要求。全党各级党组织，全体党员特别是党员领导干部，都要把向党中央看齐作为重大的政治原则和重大的政治要求，自觉树立看齐意识，向党中央看齐，向党的理论和路线方针政策看齐，向党的十九大看齐，向党中央关于改革发展稳定、内政外交国防、治党治国治军各项决策部署看齐，把看齐要求贯穿到加强党性修养各方面，贯穿到全面从严治党全过程。

牢固树立看齐意识，是马克思主义政党的必然要求。中国共产党是严格按照列宁的建党原则建立起来的以科学理论为指导的马克思主义政党，有着统一的纲领、统一的组织、统一的领导。树立看齐意识，才能步调一致建设一个组织严密、纪律严明、具有强大凝聚力和战斗力的组织体系和领导班子，才能克服前进道路上的一切困难。总结中国共产党在革命、建设、改革各个历史时期的经验教训，全党上下正是因为牢固确立了向党中央看齐的原则，树立了党中央的权威，我们党才保持了高度的团结统一，带领人民成功应对各种风险挑战，不断从胜利走向胜利。党的建设的历史充分表明，强调看齐意识，向党中央看齐，是我们党加强自身建设的规律和经验，也是保持党的先进性和纯洁性，确保党始终成为领导核心的关键所在。

---

① 《毛泽东文集》第3卷，人民出版社1996年版，第298页。

（五）坚决做到“两个维护”

《中共中央关于加强党的政治建设的意见》强调，事在四方，要在中央。坚持和加强党的全面领导，最重要的是坚决维护党中央权威和集中统一领导；坚决维护党中央权威和集中统一领导，最关键的是坚决维护习近平总书记党中央的核心、全党的核心地位。要教育引导党员干部从历史和现实、理论和实践、国内和国际的结合上深刻认识、强化认同，不断增强拥护核心、跟随核心、捍卫核心的思想自觉政治自觉行动自觉，始终同以习近平同志为核心的党中央保持高度一致，做到党中央提倡的坚决响应、党中央决定的坚决执行、党中央禁止的坚决不做。要以党章为根本依据，不断完善保障“两个维护”的制度机制，严格执行《关于新形势下党内政治生活的若干准则》《中国共产党重大事项请示报告条例》《中共中央政治局关于加强和维护党中央集中统一领导的若干规定》等党内法规，加强对贯彻执行党的路线方针政策和决议情况的督促检查，完善党中央重大决策部署和习近平总书记重要指示批示贯彻落实的督查问责机制。要以正确的认识、正确的行动坚决做到“两个维护”，坚决防止和纠正一切偏离“两个维护”的错误言行，不得搞任何形式的“低级红”“高级黑”，决不允许对党中央阳奉阴违做“两面人”、搞两面派、搞“伪忠诚”。

第二节　遵循组织程序，服从组织决定

领导我们事业的核心力量是中国共产党。这表明党的领导，不仅体现在党的科学理论和正确路线方针政策上，体现在党的执政能力和执政水平上，同时也体现在党的严密组织体系和强大组织能力上。忠于党的政治纪律和政治规矩必然要求各级党员领导干部，各级党组织严格遵守民主集中制，遵循组织程序，服从组织决定，将政治纪律和政治规矩落实到组织的各个层级、各个群体，在执行中彰显组织力量。

（一）决不允许擅作主张，先斩后奏

中国共产党是靠革命理想和铁的纪律组织起来的马克思主义政党，

纪律严明是党的光荣传统和独特优势。当前，我们党有近9000万党员，在一个幅员辽阔、人口众多的发展中大国执政，如果不严明党的政治纪律，增强党的组织力量，党的凝聚力和战斗力就会大大削弱，党的领导能力和执政能力就会大大削弱，党就会沦为各取所需、自行其是的“私人俱乐部”。

改革开放和发展社会主义市场经济，改变了原有的资源配置方式和组织管理模式，越来越多的单位人变成社会人，各种复杂的人际关系和利益关系对党内生活和组织运转带来不可低估的影响，引发了种种问题，组织观念薄弱、组织涣散就是其中一个需要严肃对待的问题。有的党组织和领导干部在处理一些应该由中央和上级组织统一决定的重要问题时，事前不请示、事后不报告，搞先斩后奏、边斩边奏，甚至斩而不奏；有的变着法儿把一件完整的需要汇报的大事情分解成一件一件可以不汇报的小事项，让组织程序空转。这些问题的根源在于领导干部政治意识弱、规矩意识淡漠。对于哪些事能做、哪些事不能做，哪些事该这样做、哪些事该那样做，哪些事该发扬民主、哪些事该请示报告不甚明了，有的甚至出现随心所欲、百无禁忌的情况。

身为党员领导干部，铁的纪律就必须执行，组织程序必须遵循，组织决定必须服从。如果党的政治纪律成了摆设，就会形成“破窗效应”，使党的章程、原则、制度、部署丧失严肃性和权威性。党章第十六条规定：“有关全国性的重大政策问题，只有党中央有权作出决定，各部门、各地方的党组织可以向中央提出建议，但不得擅自作出决定和对外发表主张。”《关于新形势下党内政治生活的若干准则》规定：“涉及全党全国性的重大方针政策问题，只有党中央有权作出决定和解释。各部门各地方党组织和党员领导干部可以向党中央提出建议，但不得擅自作出决定和对外发表主张。”坚决维护党中央权威，保证全党令行禁止的重要内容就是决不允许擅作主张，先斩后奏，要让组织观念、组织程序、组织纪律都严起来。

（二）严格遵照权限办事

忠于党的政治纪律和政治规矩，关键是要立规矩、讲规矩、守规矩，要明确权、职、责、利。通过提高制度的执行力，让制度、纪律成为带电的“高压线”，使党员、干部养成严格遵照权限办事的习惯，做到心有所畏、言有所戒、行有所止。

严格遵照权限办事要不断健全相关制度，用制度管权管事管人。要突出重点，突出管用有效，全方位扎紧制度笼子。党的十八大以来，中国共产党把形成完善的党内法规体系纳入全面推进依法治国的总目标，对增强党内法规制度的系统性和有效性提出了新的要求，在党内制度建设上取得了显著成效。积极认真总结党的建设实践经验，及时把比较成熟、普遍适用的经验提炼上升为制度，同时加强党内法规制度建设理论研究和宏观设计，形成定期评估、清理、修订机制，该填充的填充，该链接的链接，该替换的替换，使党内各项法规制度便利管用，在全面从严治党中发挥更大作用，真正形成用制度治党、管权、治吏。

严格遵照权限办事要认真落实请示报告制度。请示报告制度是我们党的一项政治传统和政治规矩。新中国成立后，制度化程度不断提高。例如，1953 年 3 月 20 日《中共中央关于加强中央人民政府系统各部门向中央请示报告制度及加强中央对于政府工作领导的决定（草案）》指出，今后政府工作中一切主要的和重要的方针、政策、计划和重大事项，均须事先请示中央，并经过中央讨论和决定或批准以后，始得执行。政府各部门对于中央的决议和指示的执行情况及工作中的重大问题，均须定期地和及时地向中央报告或请示，以便能取得中央经常的、直接的领导。但在长期的实践执行中，一些地方、一些部门对请示报告制度落实不力的情况时有出现。党的十八大以来，被查处的严重违纪党员中，有的对于按规定应当向组织请示报告的重大事项想报告就报告、不想报告就不报告，遮遮掩掩、语焉不详；有的毫无组织观念、程序观念，我行我素，感到对自己不利的重大事项就千方百计隐瞒不报，把请示报告制度当成软约束，危害很大。

《关于新形势下党内政治生活的若干准则》对请示报告制度作了明确规定：“全党必须严格执行重大问题请示报告制度。全国人大常委会、国务院、全国政协、中央纪律检查委员会，最高人民法院、最高人民检察院，中央和国家机关各部门，各人民团体，各省、自治区、直辖市，其党组织要定期向党中央报告工作。研究涉及全局的重大事项或作出重大决定要及时向党中央请示报告，执行党中央重要决定的情况要专题报告。遇有突发性重大问题和工作中重大问题要及时向党中央请示报告，情况紧急必须临机处置的，要尽职尽力做好工作，并迅速报告。”

2019 年 2 月 28 日，中共中央印发了《中国共产党重大事项请示报告条例》。制定出台这部基础主干党内法规，是贯彻民主集中制的一项重要举措，对于全党统一意志和行动，对于维护习近平总书记党中央的核心、全党的核心地位，维护党中央权威和集中统一领导，具有重要意义。《条例》对什么是请示报告、谁向谁请示报告、请示报告什么、怎么请示报告等基本问题作出明确规定，为开展请示报告工作提供了基本遵循，有利于推动请示报告工作全面走上制度化、规范化、科学化轨道。

（三）不得违背组织决定

党章规定的“四个服从”，既是党最基本的组织原则，也是最基本的政治纪律。“个人服从组织，少数服从多数，下级服从上级，全党服从中央”是党的重要政治纪律和政治规矩，任何人都不容许破坏。坚持“四个服从”，要求党员相信组织，强化党的意识，始终把党放在心中最高位置，牢记自己的第一身份是共产党员，第一职责是为党工作，做到忠诚于组织，任何时候都与党同心同德。要求党员强化组织意识，时刻想到自己是组织的一员，时刻不忘自己应尽的义务和责任，时刻都不违背组织的决定，自觉接受组织安排和纪律约束。

历史上处理的刘力功[①]案，深刻体现了中国共产党人对严守党的政治纪律，个人不得违背组织决定的鲜明立场。

刘力功加入共产党后一年，又从抗大进了党的训练班，专门学习了一次有关党的建设的课程。当他在训练班毕业时，党组织根据他在学习过程中的表现，给他作了鉴定，认为他“非常自高自大，有不少共产党员所不应有的观点”，又是工作无经验的新党员，因此党组织决定他到基层工作中去锻炼。刘力功则坚持要进马列学院或回原籍（离延安很远）工作，否则就退出党。为教育新党员，党组织曾经与他谈过七次

① 《陈云文选》第 1 卷，人民出版社 1995 年版，第 123 页。

话。在第一次谈话中他声明退出党的说法是错误的，但是仍旧坚持自己不到基层工作的意见。党组织认为马列学院是党的比较高级的学校，不能接收像刘力功这样思想意识极端错误的分子，认为派他回原籍工作，只是满足了他的家庭观念，非但不能对当地工作有帮助，而且有害于事，因此拒绝了他的要求。在最后一次谈话中，党组织告诉他：“个人服从组织”是党的纪律，要你到华北去做下层工作是党的决定，必须服从。可是他还是要求党接受他的意见，实际上是要“组织服从个人”。最后党组织给他一个时间去反省自己的错误，几天以后，他声明愿意到华北去，但是又提出条件，一定要到八路军总司令部工作。党不同意他的意见，他就干脆拒绝执行党的决定。

中央党务委员会经过研究认为，党已尽了最大的努力，对刘力功进行说服教育工作。“个人服从组织，少数服从多数，下级服从上级，全党服从中央”是党的纪律，党的纪律不容任何人破坏。刘力功违犯了党的纪律，又不接受党的教育，改正自己的错误，因此，决定开除其党籍，并公布于全党。

大量事实表明，个人不得违背组织决定是党的政治纪律的底线要求。一个人什么时候容易犯错误？一是对组织缺乏敬畏，认为党组织的政治纪律是“软”的、“虚”的，对违反政治纪律的错误言行不在意、不报告、不抵制、不斗争，更谈不上查处。有的甚至敢在重大政治原则问题上同党中央唱反调、搞政治上的自由主义。二是以为自己万物皆备、一切顺利的时候。得心应手了就容易随心所欲，随心所欲而又不能做到不逾矩，就要出问题了。这时候就容易出现个人和组织关系的错位，把个人凌驾于组织之上，出现组织意见不听，组织决定不执行，组织纪律不遵守的情况，最终必然出现看齐意识不强，政治纪律淡漠的情况。

（四）不得欺骗组织、对抗组织

党章明确规定，“党是根据自己的纲领和章程，按照民主集中制组织起来的统一整体”。这个统一整体背后是中国共产党人理想信念的一致性，是党员和人民整体利益的一致性，在此基础上进一步形成了党员个人对组织的信任和服从。因此，欺骗组织、对抗组织是与中国共产党的性质、宗旨水火不容的行为，是与中国共产党的政治纪律和政治规矩严重背离的行径，必须坚决予以打击。

中国共产党发展的历史证明，一切宗派组织和宗派活动，实质上都起着瓦解党的消极作用。党从建立之日起就是一个统一的马克思主义政党，反对党内以任何形式出现的宗派组织和宗派活动。党执政以后，对党内的团结和统一非常重视。早在 1956 年，邓小平同志在党的八大上就指出，维护全党的团结和统一，是每个共产党员的神圣职责。江泽民同志对党的团结统一特别强调两条，一是在党的基本路线和总方针、总政策、总目标以及关系全局的重大问题上，全党必须与党中央保持一致；二是地方各级党委要顾全大局，正确处理局部利益与整体利益的关系。胡锦涛同志强调，全党同志要坚决维护党的集中统一，自觉遵守党的政治纪律，始终同党中央保持一致，坚决维护中央权威，切实保证政令畅通。

党的十八大以来，党中央反复强调领导干部要严守政治纪律和政治规矩，但有的领导干部对此置若罔闻，搞结党营私、拉帮结派、团团伙伙，一门心思钻营权力；有的明知在换届中组织没有安排他，仍派亲信到处游说拉票，搞非组织活动；有的政治野心不小，扬言"活着要进中南海，死了要入八宝山"；有的在其主政的地方建"独立王国"，搞小山头、拉小圈子，对党中央决策部署阳奉阴违，为实现个人政治野心而不择手段。[①] 这些问题和表现都是关系党和国家政治安全的大问题，一旦重视不够或处理不善极易引起党的分裂，极易恶化政治生态，严重损害党心民心。

新的历史特点的伟大斗争还将继续进行，广大党员领导干部必须恪守忠诚老实，绝不做欺骗组织、对抗组织的行为。党章将"对党忠诚老实"作为党员必须履行的义务，将"对党忠诚"写入入党誓词，是我们每一个党员入党之初都宣过誓的。《关于新形势下党内政治生活的若干准则》规定，"党的各级组织和全体党员必须对党忠诚老实、光明磊落，说老实话、办老实事、做老实人，如实向党反映和报告情况"。每一名

① 习近平：《在第十八届中央纪律检查委员会第六次全体会议上的讲话》，人民出版社 2016 年版，第 7—8 页。

党员在任何时候都必须对党忠诚老实，尤其是在党组织审查处理其违纪行为期间，更应该对自己犯的错误认真反省检讨，积极主动地向组织如实坦白，积极协助组织及时查清违纪事实，决不允许有串供、伪造证据、隐匿证据、阻止他人揭发检举、包庇同案人员、提供虚假情况、掩盖事实等对抗组织审查行为，这既是党员的义务，也是党员必须遵守的一项政治纪律。

对于严重违纪甚至涉嫌违法，执迷不悟、拒绝挽救，对抗欺瞒组织、负隅顽抗到底的，必须坚决依纪依法严肃处理。《中国共产党纪律处分条例》坚持问题导向，将对抗组织审查行为作为一个独立的违纪行为在“对违反政治纪律行为的处分”一章作出规定，足以体现我们党对这个问题的高度重视和对全体党员的明确要求。

第三节 发扬优良传统，涵养政治生态

忠于党的政治纪律和政治规矩，离不开继承和发扬党的优良传统，离不开涵养良好政治生态。党的优良传统中内含着中国共产党的政治文化和精气神，只有继承并发扬党的优良传统才能真正理解政治纪律和政治规矩的魂，才能真正做到政治上对标，行动上对齐。“政治生态”是习近平总书记在十八大以后进行中央政治局集体学习时与“从政环境”一并提出的一个概念。他强调，政治生态污浊，从政环境就恶劣；政治生态清明，从政环境就优良。政治生态和自然生态一样，稍不注意，就很容易受到污染，一旦出现问题，再想恢复就要付出很大代价。只有在清明的政治生态环境中，忠诚老实、言行一致、知行合一的行为品格才能蔚然成风。

（一）坚持优良传统和工作惯例

对于中国共产党这么一个大党来讲，不仅要靠党章和纪律，还得靠党的优良传统和工作惯例。这些规矩看着没有白纸黑字的规定，但都是一种传统、一种范式、一种要求。[①] 具体来说，党的规矩主要是指党的

① 《十八大以来重要文献选编》（中），中央文献出版社2016年版，第348页。

各级组织和全体党员必须遵守的行为规范和规则，是党章、纪律、法律的规范要求和党的优良传统、工作惯例等的总和，既包括成文的党纪法规，也包括传统、习惯等不成文的规矩。党章等党内规章制度、党的纪律和国家法律，这些是成文的规矩，党在长期实践中形成的优良传统、工作惯例等未明文列入纪律的规矩，是不成文的纪律。《中国共产党纪律处分条例》明确规定，违反党的优良传统和工作惯例，在政治上造成了不良影响，如损害党的政治形象，破坏党同人民群众的关系，破坏党的团结统一等，应当受到党纪惩处。

坚持党的优良传统和工作惯例的核心就是不断提高党性修养，在慎独慎微中修炼心性，在“清”“慎”“勤”中彰显党性。

“清”要求能激浊扬清，襟怀坦荡。清代思想家顾炎武在《与公肃甥书》中说：“诚欲正朝廷以正百官，当以激浊扬清为第一要义。”党员领导干部注重以“清”来要求自己，就能时刻牢记立党为公、执政为民的根本宗旨，始终保持“富贵不能淫，贫贱不能移，威武不能屈”的大丈夫气节，做到身在顺境而不骄纵，身处逆境而不失志，宠辱不惊，处变不乱。“千磨万击还坚劲，任尔东西南北风”，做一个顺境时的节制者，逆境时的不屈者，常境时的有恒者。

“慎”要求凝神聚气，保持谦虚谨慎、不骄不躁。对于共产党人来说，谨慎是一种责任心，用权时要如临如履，小心翼翼；是一种作风，要多做少说，敏于事而慎于言；是一种能力，要见微知著，防患于未然；也是一种品格，要慎权慎独，自警自励。保持谨慎，决不是因循守旧，谨小慎微，而是始终保持清醒头脑，谨言细致，慎终如始。古人云：“心浮则气必躁，气躁则神难凝。”党员领导干部的浮躁，从浅层次看是一种烦躁不安的状态，从深层次看，则是理想信念不坚定，为物所累。“非淡泊无以明志，非宁静无以致远。”力戒浮躁，凝神聚气最根本的是要扣紧理想信念的总阀门，坚守做人的操守和从政的道德，这样才能做到“静而后能安，安而后能虑，虑而后能得”。

“勤”要求党员领导干部善抓善成，善始善成。一要精其术，二要尽其心。朱熹说：“敬业者，专心致志，以事其业也。”任何级别的领导干部对待自己任上的工作，应常怀敬畏之心，专心、守职、尽责，尽心竭力、全身心地投入，造福于人民。对待自己和前任、和身边同志的工作，要以事业为上的意识定位自己，以"功成不必在我"的精神，紧跟中央部署，积极进取，奋发有为，一张蓝图绘到底。"心底无私天地宽"，无私才能无畏，无私才能尽心尽力，才能将理想信念落到实处。

（二）管好亲属和身边工作人员

中国共产党的党员干部要做到一心为公，要做到忠于政治纪律和政治规矩就要过两关三不。两关是指"亲情关和亲信关"。亲情是以血缘、亲属关系为基础的一种特殊的情感。在亲情之间，有父母对子女的无私，绵绵不绝，不离不弃，爱其强而容其弱；还有兄弟姐妹之间的、亲戚之间的情愫。周恩来曾经说过，对亲属，到底是你影响他还是他影响你？一个领导干部首先要回答和解决这个问题。我们应该做出一点表率来。不要造出一批少爷。

亲信之间没有血缘关系，却有很好的信任和利益关系。十八大以来，查处的主要领导干部中有很多就是因为没有过好亲信关。有的领导与秘书勾结在一起，共同形成贪腐联盟，将公共权力私有化、个体化。领导在位时或退休前主动将秘书安排到某些关键领域和重要岗位，拉伸、巩固自己的权力链条。把秘书当成心腹、代理人，方便自己谋取利益，形成带有强烈人身依附关系的小圈子。有的领导采用"空降"的方式提拔秘书，规避组织审核、监督程序。有的领导视组织程序和相关条例为儿戏，为贴身秘书"量身定制"破格提拔的条件和要求。秘书则把领导当作靠山、招牌，办事时往往抬出"我是谁谁的秘书"这块"招牌"，急领导之所急，想领导之所想，为了共同利益"身先士卒"，积极"排除障碍"；出了事，有领导护着，凭着"机关牌子大、领导靠山硬"而边腐边升，无所顾忌。这些类型的秘书腐败要么没被查出，一查就是大事，往往"拔出萝卜带出泥"，后面连着窝案串案。无数的例子证明，一个党员领导干部过不好亲情亲信关，管不好亲属和身边工作人员，就必定无法忠于政治纪律和政治规矩，做不到在任何情况下都保持政治信仰不变、政治立场不移、政治方向不偏。

周恩来同志为了守好公私边界，防止亲属擅权干政、谋取私利，明确定下了十条家规：

1. 晚辈不能丢下工作专程进京看望他，只能在出差路过时才可以去看看。

2. 外地亲属进京看望他，一律住国务院招待所，住宿费由他支付。

3. 一律到国务院机关食堂排队就餐，有工作的自付伙食费，没工作的由他代付。

4. 看戏以家属身份购票入场，不得享用招待券。

5. 不许请客送礼。

6. 不许动用公车。

7. 凡个人生活中自己能做的事，不要别人代劳，自我服务。

8. 生活要艰苦朴素。

9. 在任何场合都不能说出与他的关系，不要炫耀自己。

10. 不谋私利，不搞特殊化。

这十条家规代代相传，从根本上注重防止利益冲突，真正做到廉以修身、廉以持家，培育起良好家风，教育督促亲属子女和身边工作人员走正道。

（三）永葆革命精神

勇于革命，不怕牺牲是共产党人的政治本色，也是共产党人身上最可贵的政治规矩。90 多年来，中国共产党从弱小走向强大，依靠的正是勇于革命的大无畏精神。面对家庭误解，面对利益诱惑，面对白色恐怖，在亲情、友情、爱情和国家民族大义之间，中国共产党人毅然作出了人生选择。他们以勇于革命、不怕牺牲、视死如归的精神，激荡出一个风清气正的政治生态。革命时期，曾志同志曾经说过："我始终将自己的政治生命看得最为重要，而把家庭、子女、感情看得较轻、较淡。只要为了党的利益和需要，我可以舍弃一切，包括生命。因为我不仅是一个女人，更是一名战士。"今天，中国共产党面临的"赶考"远未结束，仍然需要发扬勇于革命、不怕牺牲的精神，高擎起忠诚担当的精神火炬，涵养起一代又一代时代新人。

从国内形势和任务看，我们面临的改革发展稳定任务依然繁重，经济领域的转型升级与结构调整压力集聚并存，社会领域的民生建设与利益调整任务复杂繁重，国防和军队改革与军事斗争准备十分紧迫，意识形态领域斗争形势依然尖锐复杂，管党治党工作出现新老问题交织等多重情况。对此，我们要永葆共产党人的革命精神，敢于直面矛盾、敢于攻坚克难、敢于尽职尽力、敢于善作善成。向老一辈无产阶级革命家学习“红船精神”“焦裕禄精神”“抗美援朝精神”“苏区精神”“东风精神”“新井冈山精神”等革命精神，练就共产党人的钢筋铁骨，铸牢坚守信仰的铜墙铁壁，矢志不渝地为社会主义、共产主义奋斗终身，践行好新时代下的政治纪律和政治规矩。

从国际形势和任务看，当今世界正面临百年未有之大变局。一方面，社会生产力发展和经济繁荣富庶“百年未有”，科技创新和产业变革密集活跃“百年未有”，不同文明的交流碰撞“百年未有”，国际力量对比的变化“百年未有”；另一方面，第二次世界大战之后美国主导的世界秩序正在衰落之中，其突出表现是西方国家倡导了两百年的自由贸易理论正在被美国放弃。与此同时，今日之世界，走到了一个历史的十字路口，各种力量交锋、各种思潮激荡、各种治理主张登场，单边主义、保护主义愈演愈烈，多边主义和多边贸易体制受到严重冲击。波谲云诡的国际形势、复杂敏感的周边环境、艰苦繁重的改革发展任务，需要我们勇于改革、勇于探索、勇于创新，在复杂的国际环境中守好政治纪律和政治规矩，务必永远保持进行伟大斗争的精神状态和奋斗姿态，积极面对许多富有新的历史特点、富有新的时代内涵的斗争，牢牢掌握自己的“国运”，为世界提供“中国方案”。

第九章

红线不可越、底线不可碰

——忠于国家宪法和法律

本章提要

宪法法律是任何人都不能逾越的底线红线，全面依法治国是个系统工程。作为“关键少数”，党员干部对党忠不忠诚，讲不讲法治、守不守国家宪法和法律这个规矩是重要标尺。党员干部要牢记法律红线不可逾越、法律底线不可触碰，谋划工作要运用法治思维，处理问题要运用法治方式，争做尊法学法守法用法的模范。

国家宪法和法律是治国之重器、善治之前提，也是党员干部必须遵守的规矩。习近平总书记在中国共产党第十八届中央纪律检查委员会第五次全体会议上指出："讲规矩是对党员干部党性的重要考验，是对党员干部对党忠诚度的重要检验。"在全面依法治国的大背景下，讲规矩、讲法治，是题中应有之义。党员干部对党忠不忠诚，讲不讲法治、守不守国家宪法和法律这个规矩是重要标尺。党员干部要牢记法律红线不可逾越、法律底线不可触碰，带头遵守法律、执行法律，带头营造办事依法、遇事找法、解决问题用法、化解矛盾靠法的法治环境。谋划工作要运用法治思维，处理问题要运用法治方式，说话做事要先考虑一下是不是合法。党员干部要把对法治的尊崇、对法律的敬畏转化成思维方式和行为方式，做到在法治之下、而不是法治之外、更不是法治之上想问题、作决策、办事情。党纪国法不能成为"橡皮泥""稻草人"，违纪违法都要受到追究。

第一节　全面依法治国是一个系统工程

依法治国，是坚持和发展中国特色社会主义的本质要求和重要保障，是实现国家治理体系和治理能力现代化的必然要求，事关我们党执政兴国，事关人民幸福安康，事关党和国家长治久安。党的十八届四中全会通过了《关于全面推进依法治国若干重大问题的决定》，对全面依法治国、建设社会主义法治国家进行了全面部署和系统谋划。从国家治理体系和治理能力现代化的角度看，全面依法治国是一个系统工程，是一场广泛而深刻的革命。实现全面依法治国，绝不是在依法治国领域零敲碎打地推进，而是系统全面地推进，需要各方面各领域各单位各地方的共同努力。其中，对于党员干部来说，忠于国家宪法和法律，遵守底线红线，就是其中的重要组成部分。

习近平总书记指出："全面推进依法治国，是解决党和国家事业发展面临的一系列重大问题，解放和增强社会活力、促进社会公平正义、维护社会和谐稳定、确保党和国家长治久安的根本要求。"要推动我国经济社会持续健康发展，不断开拓中国特色社会主义事业更加广阔的发展前景，就必须全面推进社会主义法治国家建设，从法治上为解决这些问题提供制度化方案。具体到党员干部个人，就必须具有法治观念和法治意识，主动参与到全面依法治国的新征程中去。

高度重视法治，是我们党的优良传统。改革开放伊始，1978 年 12 月，邓小平同志就指出："应该集中力量制定刑法、民法、诉讼法和其他各种必要的法律，例如工厂法、人民公社法、森林法、草原法、环境保护法、劳动法、外国人投资法等等，经过一定的民主程序讨论通过，并且加强检察机关和司法机关，做到有法可依，有法必依，执法必严，违法必究。"党的十五大提出依法治国、建设社会主义法治国家，强调依法治国是党领导人民治理国家的基本方略，是发展社会主义市场经济的客观需要，是社会文明进步的重要标志，是国家长治久安的重要保障。党的十六大提出，发展社会主义民主政治，最根本的是要把坚持党的领导、人民当家作主和依法治国有机统一起来。党的十七大提出，依法治国是社会主义民主政治的基本要求，强调要全面落实依法治国基本方略，加快建设社会主义法治国家。党的十八大强调，要更加注重发挥法治在国家治理和社会管理中的重要作用。党的十九大强调，全面依法治国是中国特色社会主义的本质要求和重要保障。必须把党的领导贯彻落实到依法治国全过程和各方面，坚定不移走中国特色社会主义法治道路。

党的十八大以来，以习近平同志为核心的党中央高度重视依法治国，强调落实依法治国基本方略，加快建设社会主义法治国家，必须全面推进科学立法、严格执法、公正司法、全民守法进程，强调坚持党的领导，更加注重改进党的领导方式和执政方式；依法治国，首先是依宪治国；依法执政，关键是依宪执政；新形势下，我们党要履行好执政兴国的重大职责，必须依据党章从严治党、依据宪法治国理政；党领导人民制定宪法和法律，党领导人民执行宪法和法律，党自身必须在宪法和法律范围内活动，真正做到党领导立法、保证执法、带头守法。

党的十九大以来，全面依法治国在顶层设计上进行了重大创新，新组建了中央全面依法治国委员会。中央全面依法治国委员会的职责是统筹协调全面依法治国工作，坚持依法治国、依法执政、依法行政共同推进，坚持法治国家、法治政府、法治社会一体建设，研究全面依法治国重大事项、重大问题，统筹推进科学立法、严格执法、公正司法、全民守法，协调推进中国特色社会主义法治体系和社会主义法治国家建设等。

客观地说，我国社会主义法治建设取得了重大成就，各级领导干部在推进依法治国进程中发挥了重要作用。但是，不可否认的是，全面依法治国的困难还有不少。特别是在现实生活中，一些党员干部法治意识比较淡薄，对国家宪法法律的权威性认识不够、尊崇不够，影响了党和国家的形象和威信，损害了政治、经济、文化、社会、生态文明领域的正常秩序。因此，所有党员干部都要警醒起来、行动起来，坚决纠正和解决法治不彰问题，坚决维护国家宪法和法律权威。

第二节　宪法法律是任何人都不能逾越的底线红线

通常来说，宪法法律，是对我们国家所有法律规范的一种概称，是一种广义的法。准确地说，宪法法律指的是中国特色社会主义法律体系。中国特色社会主义法律体系，是以宪法为核心，以法律（基本法律和一般法律）为主干，由法律、行政法规、地方性法规等多个层次的法律规范构成的体系。“中国特色社会主义法律体系，是中国特色社会主义基本制度的法制基础，是中国特色社会主义创新实践的法制体现，是中国特色社会主义兴旺发达的法制保障。”① 我们常说，宪法法律是任何人都不能逾越的底线红线，事实上是说中国特色社会主义法律体系所涵盖的国家法律规范制度，是任何人都必须遵守的底线红线。

在中国特色社会主义法律体系中，宪法是核心。作为国家的根本法，宪法在整个法律体系中起着中流砥柱的作用，是治国安邦的总章程，是党和人民意志的集中体现，具有最高的法律地位、法律权威、法

① 最高人民法院中国特色社会主义法治理论研究中心编写：《法治中国——学习习近平总书记关于法治的重要论述》，人民法院出版社 2014 年版，第 71 页。

律效力，是制定修改解释其他法律法规的根本依据。其他任何法律法规，都不能与宪法相冲突，否则就会被判定“无效”。

发挥好宪法的重要作用，有助于国家经济社会的发展，这一直是人们的普遍共识。早在20世纪40年代，毛泽东同志就指出：“在革命成功有了民主事实之后，颁布一个根本大法，去承认它，这就是宪法。”改革开放以来，我国现行宪法以其至上的法制地位和强大的法制力量，保障了人民当家作主，促进了改革开放和社会主义现代化建设，推动了社会主义法治国家进程，维护了国家统一、民族团结、社会稳定。事实证明，我国宪法是符合国情、符合实际、符合时代发展要求的好宪法，是我们国家和人民经受住各种困难和风险考验、始终沿着中国特色社会主义道路前进的根本法制保证。[①]

从历史发展上看，我国宪法充分反映了党领导人民从站起来、富起来到强起来的伟大历程。新中国成立特别是改革开放以来，党的历次代表大会确定的重大方针政策都在宪法中得到了充分体现。宪法的一个重要本质，就是反映党和人民的根本意志。一个重要的例证就是，1982年现行宪法及其后的五次修正案，及时将“邓小平理论”“‘三个代表’重要思想”“坚持改革开放”“社会主义初级阶段”“社会主义市场经济”“依法治国”“社会主义事业的建设者”“科学发展观”“习近平新时代中国特色社会主义思想”等党的重大理论创新成果先后写入宪法，将党和人民的意志上升为国家意志，使其具备法律效力。

从本质来源上看，我国宪法直接反映了人民民主权利和意愿。宪法是党和人民意志的集中体现，是通过科学民主程序形成的根本法。我国宪法在制定修改过程中，充分发扬民主，严格遵循程序，确保全党全社会广泛参与和高度认同。1954年制定我国第一部宪法时，组织国家机关、全国政协、各民主党派、人民团体以及社会各界代表共8000多人参加讨论，提出经整理后的意见6000多条。在随后的全民讨论中有1.5亿人参与，共收到来自全国的100多万条修改意见和建议。1982年现行宪法修改草案在全民中进行了长达4个月的充分讨论，此后的5次修正案都广泛征求了党内外各方面的意见建议。特别是2018年宪法修

① 杜青林：《健全宪法实施和监督制度》，《人民日报》2014年11月11日。

正案，在准备阶段，首轮征求意见，就收到了各地区各部门和党外人士共提出 2639 条修改意见。宪法修改小组举行 13 次工作班子会议、4 次全体会议，对各方面意见和建议汇总梳理、逐一研究。习近平总书记专门要求，对于没有吸收到党中央修宪建议里的意见，要一一作出研究。宪法修改小组工作人员说。从各方面提出的数千条建议，到党中央的 21 条修宪建议，党中央慎之又慎，坚持对宪法作部分修改、不作大改，确保宪法的连续性、稳定性、权威性。①

从规范效力上看，我国宪法集中反映了最高效力准则在全体人民中的行为导向。党的十八届四中全会《决定》强调，“任何组织和个人都必须尊重宪法法律权威”“全国各族人民、一切国家机关和武装力量、各政党和各社会团体、各企业事业组织，都必须以宪法为根本的活动准则，并且负有维护宪法尊严、保证宪法实施的职责”，进一步彰显了以习近平同志为核心的党中央坚持依法治国、依宪治国的鲜明态度和坚定决心，确立了宪法在国家治理体系和治理能力法治化中的核心地位。要始终坚持宪法至上，充分认识宪法作为保证党和国家兴旺发达、长治久安的根本法，具有最高权威，必须充分尊重、坚决维护。②

在中国特色社会主义法律体系之中，在宪法之下，还有法律、行政法规、地方性法规等多个层次的法律规范。党的十八大以来，这些法律规范的立改废释工作也取得了重大进展。从 2012 年 3 月至 2017 年 6 月底，十二届全国人民代表大会及其常委会新制定法律 20 件，通过修改法律的决定 39 件、涉及修改法律 100 件，废止法律 1 件，作出法律解释 9 件，有关法律问题的决定 34 件。2013 年至 2017 年，国务院共提请全国人大常委会审议法律议案 43 件，制定修订行政法规 43 部，根据“放管服”改革要求，先后“一揽子”修订行政法规 125 部；最高人民法院、最高人民检察院制定出台 133 项司法实践中急需的司法解释；有立法权的地方人大及其常委会制定地方性法规 4000 余件。③

① 《为中华民族伟大复兴提供根本法治保障——〈中华人民共和国宪法修正案〉诞生记》，《人民日报》2018 年 3 月 13 日。

② 杜青林：《健全宪法实施和监督制度》，《人民日报》2014 年 11 月 11 日。

③ 《锻造治国重器，以良法促善治——党的十八大以来立法工作成就综述》，《法制日报》2017 年 8 月 22 日。

2012年至2017年，国家安全法、国家情报法、反间谍法、反恐怖主义法、网络安全法、境外非政府组织境内活动管理法、刑法修正案（九）……一系列涉及国家安全的法律陆续出台，为维护国家核心利益和其他重大利益提供了坚实的法制保障；反家庭暴力法、特种设备安全法、公共文化服务保障法、资产评估法、电影法、中医药法……针对文化、社会等方面立法相对薄弱、滞后的情况，相关立法加快推进，促进经济社会各领域全面发展；制定民法总则，全面修订环境保护法、及时修订食品安全法、对行政诉讼法作出施行24年来的首次大修……立法工作不断向前推进，生动诠释了立法为民的理念；大气污染防治法、民办教育促进法、红十字会法、预算法、企业所得税法、促进科技成果转化法……一批事关国计民生的法律得到及时修改，经济社会运行更有保障。2012年至2017年这五年，立法工作呈现出数量多、分量重、节奏快的特点，取得了一批新的重要成果，为改革发展稳定发挥了重要的保障和促进作用。在全面深化改革的浪潮中，通过提高立法质量，以立法引领改革，为改革保驾护航；通过科学立法、民主立法，使法律更加符合社会发展和人民意愿。[①] 截至目前，我国宪法和法律共273部。另有宪法、法律修正案15件，立法解释25件。综合起来，不断完善的中国特色社会主义法律体系，为包括党员干部在内的任何人提供了立体化、全面的行为标尺，划出了不能逾越的底线红线。

第三节　要牢固树立宪法法律至上的基本法治观念

法治是一种规则之治。忠于国家宪法和法律，从根本上看，是个法治问题。不论我们如何看待法治，围绕“规则”的观念都是法治认识的核心。广大党员干部认识法治，首先就是关于如何看待规则，如何认知宪法法律的问题。相应地，社会主义法治文化，首先就是要求具备法律至上的法治精神。法律至上的法治精神，是法治时代的产物。与迷信崇拜权力的人治精神不同，法治精神推崇宪法法律法律至上，与现代社会

① 《锻造治国重器，以良法促善治——党的十八大以来立法工作成就综述》，《法制日报》2017年8月22日。

的市场经济、政治民主、价值多元等相配合，是社会主义法治文化的第一要义。宪法法律至上，顾名思义，是指在国家治理和社会生活中，宪法法律具有至上的效力和权威。换言之，在党员干部在思想深处认知宪法法律，尊崇宪法法律，将其摆在至上性的位置，就是忠于宪法法律。任何权力都要在宪法法律的框架内行使，任何组织或者个人都必须遵守宪法法律，宪法法律是纠纷解决的最后底线。

宪法法律在权力之上。“宪法法律在权力之上”意味着任何权力都要在宪法法律的框架内行使。权力，是指“特定主体因为拥有一定的资源或者优势而具有的支配他人或者影响他人的力量。”① 在终极意义上，国家的权力来源于人民，又由人民来行使。法律，是记载权力和授予权力的关键文本。通过宪法法律，人民将权力赋予国家机关，由其代为行使。我国《宪法》第二条就规定，“中华人民共和国的一切权力属于人民。……人民依照法律规定，通过各种途径和形式，管理国家事务，管理经济和文化事业，管理社会事务。”同时，人民也通过宪法法律，直接或者间接的方式监督权力的运行。我国《宪法》第三条就规定，“全国人民代表大会和地方各级人民代表大会都由民主选举产生，对人民负责，受人民监督。国家行政机关、审判机关、检察机关都由人民代表大会产生，对它负责，受它监督。”

在权力配置的意义上，公权力可以大致分为立法权、行政执法权和司法权，国家机关也分为立法机关、行政机关和司法机关。依据宪法法律规定，不同国家机关具有不同的权力行使范围。一种权力不能越界到其他权力领域，更不能越界到社会自治领域。这是现代法治文明的基本要求，也是权力有效运行的重要条件。虽然，从权力属性上看，公权力是中性的，非人格化的，其本身并没有价值立场。但是，人都是主观的，有自己的价值判断和利益立场。由于人性的弱点，公权力的行使主体使得权力运行很容易偏离公益取向，超越法定的边界。著名思想家孟德斯鸠也曾告诉人们：“一切有权力的人都容易滥用权力，这是万古不易的一条经验。有权力的人使用权力一直到遇有界限的地方方才休

① 卓泽渊：《法政治学》，法律出版社 2011 年版，第 160 页。

止。”[①] 因此，要体现宪法法律至上的法治精神，必须将宪法法律置于权力之上，将任何权力纳入宪法法律的框架。这也正是提出“把权力关进制度的笼子里”之用意所在。

宪法法律在任何组织、个人之上。“宪法法律在任何组织、个人之上”意味着任何组织或者个人都必须遵守宪法法律。社会是由各种组织以及个人组成的，不仅包括国家机关、政党、社团组织等组织化主体，还包括公民、无国籍人、外国人等个体化主体。无论是何种主体，也不论其在经济社会发展中的地位有多么重要，其必须在宪法法律内活动。我国《宪法》第五条就规定，“一切国家机关和武装力量、各政党和各社会团体、各企业事业组织都必须遵守宪法和法律。一切违反宪法和法律的行为，必须予以追究。任何组织或者个人都不得有超越宪法和法律的特权。”

在中国当下的语境中，中国共产党作为执政党，带头在宪法法律内活动，依法执政、依宪执政更是宪法法律至上的法治精神的内在要求。党章总纲部分专门指出，“党必须在宪法和法律的范围内活动。”党的十八届四中全会《决定》也指出，“把依法执政确定为党治国理政的基本方式”“依法执政，既要求党依据宪法法律治国理政，也要求党依据党内法规管党治党。必须坚持党领导立法、保证执法、支持司法、带头守法，把依法治国基本方略同依法执政基本方式统一起来，把党总揽全局、协调各方同人大、政府、政协、审判机关、检察机关依法依章程履行职能、开展工作统一起来，把党领导人民制定和实施宪法法律同党坚持在宪法法律范围内活动统一起来”。可以说，党能否带头在宪法法律内活动，是法治精神能否实现的关键。

宪法法律是纠纷解决的最后底线。“所谓法律至上性最终表现为司法成为各种法律争端与讼案的最彻底、最权威即最具有约束力的裁处方式。这是因为，司法是解决法律争端与讼案的最文明、最公正因而最可信赖的法律机制。”[②] 与其他社会规范相比，通过司法凸显的法律规范具有终局性的特点。面对一个纠纷，只有司法机关作出的裁判才具有终

---

① 〔美〕孟德斯鸠：《论法的精神》（上册），张雁深译，商务印书馆 1982 年版，第 154 页。

② 王人博、程燎原：《法治论》，广西师范大学出版社 2014 年版，第 184—185 页。

局效力，而相对而言，道德风俗所作出的社会舆论判断、社会团体内部所作的内部处分决定、甚至立法机关所作的事前行为预设，行政机关所作的行政执法行为，都只是暂时和待定的。因为，在制度设计上，司法针对前者所述的纠纷判断失误，均有相应的救济渠道，从而在终局意义上结束纠纷。比如，针对社会舆论的造成的评价降低，可以通过民事诉讼进行纠正；针对体育团体内部的禁赛处罚，可以通过相关诉讼予以改变；针对立法的失误，可以通过宪法监督机制废止或者修改立法；针对行政执法错误，可以通过行政诉讼改变既有行政处罚。一旦司法对某个纠纷作出生效裁判，除非依照相关法律规定，案件就终结了，任何力量（包括案件当事人、国家机关、社会组织等）都不得动摇、改变乃至推翻司法裁判。此时，诉讼双方争议的权利义务由不确定状态转为确定状态，从而彻底地定分止争。在这背后，国家强制力为司法终局性而背书，惩罚任何破坏这种纠纷解决机制的行为。

广大党员干部必须牢固树立宪法法律至上的基本法治观念，维护宪法法律权威，捍卫宪法法律尊严，才能真正维护党和人民共同意志的权威，真正捍卫党和人民共同意志的尊严，保证党和人民共同意志的实现。如此，宪法法律真正至上，党和国家事业发展、人民群众幸福安康才有根本的法律保障。

第四节　要做尊法学法守法用法的模范

新时代也是法治的时代。党领导全面依法治国，广大党员干部一定要顺应时代要求，要带头学法尊法守法用法，努力做法治型干部。作为“关键少数”，各级党员干部的信念、决心、行动，是忠诚的重要表现，对全面依法治国具有十分重要的意义。领导干部要做尊法的模范，带头尊崇法治、敬畏法律；做学法的模范，带头了解法律、掌握法律；做守法的模范，带头遵纪守法、捍卫法治；做用法的模范，带头厉行法治、依法办事。

在尊法上，要更加坚定自觉树立社会主义法治信仰。法律必须被信仰，否则它将形同虚设。广大党员干部在学法守法用法之前更要尊法。在学习掌握宪法法律重点要点的基础上，在带动遵纪守法的基础上，在自觉厉行法治的基础上，更要自觉树立社会主义法治理念、法治信仰，自觉弘扬社会主义法治精神，将其内化于心、外化于行。法治理念法治精神是法治的灵魂，涉及法治建设走什么道路、把握什么原则、朝着什么方向前进等基本问题，党员干部必须紧紧绷住这根弦，始终坚持中国共产党的领导，坚持人民主体地位，坚持依法治国和以德治国相结合，坚持从中国实际出发，坚定不移走中国特色社会主义法治道路。值得一提的是，尊崇法治，忠于宪法法律的一项重要举措，就是要建立宪法宣誓制度。党的十八届四中全会《决定》明确提出，“建立宪法宣誓制度，凡经人大及其常委会选举或者决定任命的国家工作人员正式就职时公开向宪法宣誓。”宪法宣誓仪式通过庄重的形式强化宪法精神，有助于增强对宪法的敬畏感，铭记对宪法所作出的庄严承诺；有助于提高宪法意识，培育宪法信仰。[①] 截至 2015 年初，全世界有成文宪法的 142 个国家中，已有 97 个国家规定了宣誓制度，我国也在不断探索实践。2013 年 3 月，习近平总书记在十二届全国人大一次会议上表示：“将忠实履行宪法赋予的职责，忠于祖国，忠于人民，恪尽职守，夙夜在公，为民服务，为国尽力。”同年 12 月，最高人民法院 501 名法官按照《中华人民共和国法官宣誓规定（试行）》，面向国旗庄严宣誓忠于宪法和法律。可以预见，建立宪法宣誓制度这一创新性举措不仅对于弘扬宪法精神、彰显宪法权威具有重要标志意义，而且对于党员干部带头尊崇法治，忠于宪法法律都具有重要示范意义。

在学法上，要更加全面深入掌握国家宪法、法律、行政法规、地方性法规等法律规范体系的重点要点。广大党员干部学法，就是要认认真真学习宪法法律的体系内容，全面深入掌握宪法法律的基本内容，特别要加强对宪法内容和基本精神的学习掌握。要认真完善国家工作人员学法制度，努力使广大党员干部掌握履行职责所必需的法律知识。要把宪法法律作为党委（党组）中心组学习内容，列为党校、行政学院、干部学院、社会主义学员必修课。加大领导干部任前考试、公务员入职考试中法律知识比重，切实增强党员干部和国家公务人员的法治素质。广大党员干部要积极参与到全社会普法工作中去，从普法中不断增强学法的

① 杜青林：《健全宪法实施和监督制度》，《人民日报》2014 年 11 月 11 日。

自觉性和主动性。

在守法上，要更加严格遵守法律法规维护法治秩序。法律就是秩序，有良好的法律才有好的秩序。广大党员干部一定要扑下身子，躬身实践，凡是想问题、做决策、办事情，第一原则就是按照宪法法律和党规党纪办事，有明确规定的，遵照规定办，没有明确规定的，按照法治原则办，带头做守法的示范和表率。党规党纪严于国家法律，党的各级组织和广大党员干部不仅要模范遵守国家法律，而且要按照党规党纪以更高标准严格要求自己，坚定理想信念，践行党的宗旨，坚决同违法乱纪行为作斗争。对违反党规党纪的行为必须严肃处理，对苗头性倾向性问题必须抓早抓小，防止小错酿成大错、违纪走向违法。

在用法上，要更加努力坚持领导立法、保证执法、支持司法。用法，就是依法办事，就是党员干部在日常工作中按照宪法法律行使自己的权力。在法治格局中，重点是要在立法层面发挥执政党的作用，善于使党的主张通过法定程序成为国家意志；在执法层面按照法定程序严格文明执法，不滥用自由裁量权；在司法层面主要管方向、管政策、管原则、管干部，不干涉具体案件，确保依法独立公正行使审判权和检察权。另外，要特别注意通过发挥干部考核评价和选人用人这个指挥棒作用，把依法办事的成效作为衡量各级领导班子和领导干部工作实绩重要内容，纳入政绩考核指标体系，引导各级干部真正把依法办事落到实处。

要把尊法学法守法用法的法治建设成效作为衡量各级领导班子和领导干部工作实绩重要内容，纳入政绩考核指标体系。把能不能遵守法律、依法办事作为考察干部重要内容，在相同条件下，优先提拔使用法治素养好、依法办事能力强的干部。对特权思想严重、法治观念淡薄的干部要批评教育，不改正的要调离领导岗位。

第五节　提高运用法治思维和法治方式的能力

党员干部是全面推进依法治国的重要组织者、推动者、实践者。在实践中，忠于国家宪法和法律，要具体化为运用法治思维依法办事上来。因此，广大党员干部要自觉提高运用法治思维和法治方式深化改革、推动发展、化解矛盾、维护稳定能力，高级干部尤其要以身作则、以上率下。

法治思维和法治方式是我们党一以贯之的治国理政重要方针。长期以来，特别是改革开放以来的法治建设实践为“运用法治思维和法治方式”的提出奠定了坚实基础。新时期以来，为了更好的依法执政，提高党员干部的法治素养，“运用法治思维和法治方式”被反复提出和强调。2010 年 10 月，国务院《关于加强法治政府建设的意见》（国发〔2010〕33 号）指出，“切实提高运用法治思维和法律手段解决经济社会发展中突出矛盾和问题的能力。”这是首次提出“法治思维”。2012 年 11 月，党的十八大报告明确要求，“提高领导干部运用法治思维和法治方式深化改革、推动发展、化解矛盾、维护稳定能力”。2012 年 12 月，习近平总书记在首都各界纪念现行宪法公布施行 30 周年大会的讲话中指出：“各级领导干部要提高运用法治思维和法治方式深化改革、推动发展、化解矛盾、维护稳定能力，努力推动形成办事依法、遇事找法、解决问题用法、化解矛盾靠法的良好法治环境，在法治轨道上推动各项工作。”2013 年 2 月，习近平总书记在主持中共中央政治局第四次集体学习（依法治国主题）时再次强调：“各级领导机关和领导干部要提高运用法治思维和法治方式的能力，努力以法治凝聚改革共识、规范发展行为、促进矛盾化解、保障社会和谐。”2013 年 11 月，党的十八届三中全会《关于全面深化改革若干重大问题的决定》中，在“创新社会治理体制”中这样表述：“改进社会治理方式。坚持系统治理，加强党委领导，发挥政府主导作用，鼓励和支持社会各方面参与，实现政府治理和社会自我调节、居民自治良性互动。坚持依法治理，加强法治保障，运用法治思维和法治方式化解社会矛盾。”2014 年 1 月，习近平总书记在中央政法工作会议上明确指出，“党委政法委要带头在宪法和法律范围内活动，善于运用法治思维和法治方式领导政法工作，在推进国家治理体系和治理能力现代化中发挥重要作用。”2014 年 10 月，党的十八届四中全会《决定》再次提出“运用法治思维和法治方式”，并从干部选拔任用、提高干部能力等多角度加以阐述，体现了中央对此重视程度的进一步提高。

法治思维和法治方式是新的历史条件下加强和改进党对法治工作领

导的必然需要。法治是迄今为止人类能够认识到的最佳治国理政方式。法治思维是基于法治的固有特性和对法治的信念来认识事物、判断是非、解决问题的思维方式。法治方式是运用法治思维处理和解决问题的行为方式。在我国，党的领导和社会主义法治是一致的，党的领导必须依靠社会主义法治，必须在社会主义法治模式和框架内带领人民群众谋事创业，这就必然要求党员干部具备法治思维和法治方式。

当前，依法治国在党和国家工作全局中的地位更加突出、作用更加重大，我们比以往任何时候都更加需要运用法治思维和法治方式开展工作、解决问题。忠于国家宪法和法律，必须提高运用法治思维和法治方式的能力。

提高运用法治思维和法治方式的能力，进一步发挥党员干部政治示范作用。全面依法治国蓝图的实现，需要全党全社会共同努力，关键在于党员干部的态度、决心和行动，关键在于党员干部带头践行法治的过程，关键在党员干部带头忠于国家宪法和法律的过程。习近平总书记强调，全面推进依法治国，必须抓住领导干部这个“关键少数”。各级领导干部是党依法执政、政府依法行政的骨干力量、中坚力量。他们是否具备法治思维、法治素养以及依法办事的能力，直接决定着党依法执政理念的实现，直接影响着各级政府机关依法行政的效果，直接关系到整个社会主义法治国家建设的成败。广大党员干部要主动提高运用法治思维和法治方式的能力，让“关键少数”的关键作用更加凸显。

提高运用法治思维和法治方式的能力，改变党员干部传统执政思维定势。法治的程序性、稳定性和可预期性，是社会治理其他手段所不具备的优势。我国处于中国特色社会主义制度完善发展、国家治理体系和治理能力转型的关键时期，这一时期我们更需要法治思维和法治方式。我们个别领导干部法治思维淡薄，法治信仰缺失，法治敬畏不足，在执政思维上还习惯于战争年代的思考方法，停留在传统执政思维定势之上，动辄搞运动，事事搞专项斗争，凡事作为“战役”对待，不讲治理只讲管理，不讲程序正义只讲实体正义，不讲因果关系只追究结果责任，不讲久久为功只讲功成在我。这样的执政思维在面对处理和解决现代社会的纷繁复杂的矛盾时容易显得力不从心，极易产生不良后果。广大党员干部提高运用法治思维和法治方式的能力，将会更有力地推动国家的长治久安。

提高运用法治思维和法治方式的能力，推动党员干部厉行法治依法办事。在当下的中国，忠于宪法和法律，运用法治思维和法治方式，必须落实到党员干部依法办事解决一些具体问题上。目前，我国在法治格局上，仍然在一定范围一定程度上，存在着立法工作中部门化倾向、争权诿责较为突出的现象，存在着执法司法环节“有法不依、执法不严、违法不究”的现象，存在着领导干部“以言代法、以权代法、以情枉法、以权压法”的情况，还存在着部分社会成员尊法学法守法用法、依法维权意识不强的情况。这些具体问题，违背社会主义法治原则，损害人民群众利益，妨碍全面深化改革，妨碍化解矛盾、维护稳定，妨碍党和国家事业发展，必须下大气力加以解决。

提高运用法治思维和法治方式的能力，关键落脚于处理好权和法的关系。领导干部能不能真正运用法治思维依法办事，衡量的标准是能不能依法用权、秉公用权、廉洁用权。这是对领导干部法治素养最经常、最直接、最现实的考验，也是衡量国家法治水平的一个重要标志。要将任何权力纳入宪法法律的框架，坚持以人民为中心，把握好权力边界，坚持公平公正，自觉接受监督。权力一旦失去监督，就会导致权力滥用甚至滋生腐败，特别是习惯于在“聚光灯”下行使权力，习惯于在“放大镜”下开展工作，自觉接受社会各方面的监督，把权力关进制度的笼子里，确保权力在阳光下运行。

第十章

做工作中的“实干家”

——忠于职守、爱岗敬业

本章提要

广大党员干部做到对党忠诚，必须落实到实际行动上，落实到实际工作中，忠于职守、爱岗敬业，做工作中的“实干家”。要怀有实心，树立正确的政绩观，体察实情，一切从实际出发，谋划实事，代表人民群众的根本利益，勇于担当，敢于直面问题解决矛盾，追求经受得住实践、人民和历史检验的实绩。

“东西南北中，党政军民学，党是领导一切的。”广大党员和党员领导干部做到对党忠诚，必须落实到实际行动上，落实到实际工作中，忠于职守、爱岗敬业，做工作中的“实干家”。广大党员和党员领导干部做工作中的“实干家”，就是要怀有实心，树立正确的政绩观；要体察实情，一切从实际出发；要谋划实事，代表人民群众的根本利益；要勇于担当，敢于直面问题解决矛盾；要求实效，干出追求经受得住实践、人民和历史检验的实绩。

第一节　怀实心：树立正确的政绩观

政绩观，顾名思义就是党员领导干部看待政绩的基本观点，它是对如何履行职责、追求何种政绩的整体看法。作为一种价值导向，政绩观对党员领导干部在自己的工作岗位上如何行使手中的权力，如何开展工作谋划事业有着重要影响。如果一名党员领导干部的政绩观是正确的，那么他就能在自身的工作岗位上做出扎实的政绩，推动一方经济社会的发展，为人民群众创造更大的福祉。相反，如果一名党员领导干部的政绩观出现了问题，那么他必然会做出一些“爱惜羽毛”、好大喜功的事情，甚至会干出欺上瞒下、违法乱纪的事情，最终严重损害党和政府的形象。对于党员和党员领导干部而言，真正的政绩应是“为官一任、造福一方”的政绩，是为党和人民踏实工作的实绩。

在树立什么样的政绩观这个重大问题上，邓小平同志用朴实的语言讲出了深刻的道理。他在第三次复出时讲了这么一段充满感情、意味深长的话：“出来工作，可以有两种态度，一个是做官，一个是做点工作。我想，谁叫你当共产党人呢。既然当了，就不能够做官，不能够有私心杂念，不能够有别的选择，应该老老实实地履行党员的责任，听从党的安排。”[①] 重温邓小平的这段话，我们能够感到一个共产党人深沉的为民情怀、公仆情怀。对于党员和党员领导干部来说，是想着做官，还是想着做工作，是两种不同的态度，也是两种不同的境界。不同的选择反映着不同的世界观、人生观、价值观和权力观、利益观、政绩观。心中想着做官，难免会沽名钓誉、敷衍塞责，搞形式主义、做表面文章，结果必然是做不好工作；心里想着做工作，就会实事求是、真抓实干，注重调查研究，经常深入群众，努力创造经得起历史和人民检验的政绩。

对于党员领导干部而言，树立正确的政绩观首先要从思想认识上解决权力来自何处的问题。各级党员领导干部手中掌握着国家公权力，在工作中可以调动大量的资源。因此，认清公权力的属性尤其重要。但是在现实中，有些党员领导干部在权力面前思想动摇，产生了消极懈怠的心理，尤其是面对金钱、利益等“糖衣炮弹”的袭击，沦为权力的奴隶，一步步走向了党和人民的对立面，逐渐背离了党的宗旨。可见，党员领导干部必须时刻牢记公权力姓“公”，自己手中掌握的公权力并不是个人的私权，而是国家和人民赋予的。既然领导干部手中掌握的是公权力，那么在行使权力时就应该“公”字当头，无论何时何地何事，都应该“公”事公办。只有这样，党员领导干部才能做到为政不移公仆之心、用权不谋一己之私，真正将自身手中的权力变成为民谋利益、为民办实事的工具，永葆共产党人的先进性。习近平总书记强调，我们要坚持国家一切权力属于人民，切实防止出现人民形式上有权、实际上无权的现象。掌握公权力的党员领导干部，要从对党负责、对人民负责、对历史负责的角度来正确对待自己手中的权力，要时刻保持对“权力”的敬畏之心，公正、依法、廉洁用权，不断强化公仆意识、底线意识，树立正确的权力观，用自身的实际行动不断筑牢自身拒腐防变的思想和纪律防线。

对于党员领导干部而言，树立正确的政绩观还要从思想认识上解决为谁创造政绩的问题。党员领导干部是人民的公仆，其手中的权力来自于人民，执政的根本目的在于践行党的全心全意为人民服务的宗旨，造福社会，造福人民，而不是为了满足个人的一己私利。这是追求政绩的根本要求。但是，在现实中，一些领导干部却在政绩问题上反其道而行

---

① 《邓小平年谱（1975—1997）》（上），中央文献出版社 2004 年版，第 162 页。

之，把为党和人民干事业当成是捞取个人名利地位的跳板，把政绩变成了为个人邀功树碑、扬名立万的工具。历史和现实反复证明，只有那些着眼于从党的全局利益和人民的根本利益出发去谋划事业和工作的人，才能干出实实在在的政绩，才能不辜负党和人民的重托，并最终被党和人民所尊重和铭记。相反，那些为了谋求个人的荣誉地位、满足个人的物质欲望而钻营投机甚至弄虚作假、搞歪门邪道的人，即使能够侥幸获得一时的升迁、表面的风光、不义的钱财，但终究会被党和人民所不齿。习近平在担任浙江省委书记时就曾形象而深刻地指出：“领导干部要想真正在群众心目中留下一点‘影’、留下一点‘声’、留下一点印象，就要精心谋事、潜心干事，努力为人民多做贡献，而绝不能靠作秀、取宠、讨巧，博取一些廉价的掌声。”[①] 县委书记的好榜样谷文昌为官一任，造福一方，在东山县任职的 14 年间，带领全县人民与恶劣的自然环境作斗争，成功治理了风沙灾害，为海岛的经济建设和社会发展打下了坚实基础。1950 年，谷文昌随解放军南下至福建省东山岛，然后服从组织安排留在东山工作，任东山县委书记。当时的东山县一穷二白，岛上遍地是黄沙荒滩，旱涝不断，百姓衣不蔽体，缺衣少食。谷文昌刚到地方，就四处走访了解情况，然后下定决心要战胜风沙，根治洪涝。他多次组织群众开展治沙、筑堤、植草、造林运动，多次失败，但是始终矢志不移。在他的带领下，十多年间全县造林 8.2 万亩，荒岛变成了绿洲。正是因为谷文昌留下了实实在在的政绩，所以直到今天每逢节日当地人民还会自发地祭拜这位县委书记，以致留下了“先拜谷公、再拜祖宗”的民俗。习近平总书记高度评价谷文昌，他在一篇题为《“潜绩”与“显绩”》的文章中，称赞他“在老百姓心中树起了一座不朽的丰碑。”在与全国 200 多位县委书记座谈时，习近平总书记称赞谷文昌是“四有”干部的模范。党员领导干部在树立什么样的政绩观上，要学习谷文昌精神，像他那样牢固树立正确的政绩观，以对人民负责的态度谋划长远发展，以钉钉子的精神抓好工作落实，努力创造出让人民从中受益的业绩。

对于党员领导干部而言，树立正确的政绩观也要从思想认识上解决

① 习近平：《之江新语》，浙江人民出版社 2013 年版，第 25 页。

追求什么样的政绩的问题，是追求真实的政绩还是追求虚假的政绩问题。所谓追求真实的政绩，就是追求那些能为人民群众带来实实在在好处的政绩，就是追求那些符合当地实际和客观规律的政绩，就是追求那些能够经得起群众、实践和历史检验的政绩。在追求真实的政绩方面，许多地方和部门的领导干部做出了表率，涌现出了一批求真务实、真抓实干的好干部。他们有的重民生，办实事，把群众的冷暖时刻挂在心头，尤其关心困难群众，善做直接造福于民的“民心工程”“满意工程”；有的善于把中央和上级的决策政策同当地的实际情况结合起来，因地制宜，因时制宜，把对上负责与对下负责结合起来，创造性地开展工作；有的干工作脚踏实地、稳扎稳打，甘于做打基础、做铺垫的事情，通过创造扎实的业绩最终赢得了党组织的认可和人民群众的衷心拥护。所谓追求虚假的政绩正好和追求真实的政绩相反，其主要特征是：为官做事不是为百姓谋而是为自己个人谋；贯彻中央和上级的决策政策时不考虑本部门、本单位的具体情况，不尊重客观规律，不顾及当地群众的实际需求，整天揣摩领导意图，曲意逢迎上级；做出的政绩是花架子，甚至是“豆腐渣”。应当说，追求虚假政绩的现象在当前少数领导干部当中也有一定市场。比如，在“官出数字、数字出官”不正之风的影响下，一些领导干部大搞统计数据造假，由当地统计部门向企业发送预计数据，指导企业按照发送的预计数填报信息，或者有的直接采取逼迫企业虚报产值的明目张胆的弄虚作假行为。又比如，一些地方为了快速改变当地的贫困落后面貌，不顾当地实际情况，不遵循客观规律，乱铺摊子，乱上项目，结果劳民伤财，导致“一代人的政绩，几代人的包袱”。

第二节 察实情：一切从实际出发

党员领导干部要想在自己的工作岗位上干出真正的业绩，必须体察实情，坚持一切从实际出发。一切从实际出发，是马克思主义世界观的根本要求，是无产阶级政党正确地制定和执行路线方针政策的前提，是我们做好各项工作的起码要求。一切从实际出发要求我们在想问题、做决策时不能从本本出发，做到不唯书、不唯上、只唯实。要了解客观实际，就必须深入群众、深入实践进行调查研究，把客观存在的事实搞清楚，把事物的内部和外部联系弄明白，从中找出能够解决问题、符合群众要求的办法来。

各级党员领导干部为了了解实际情况，必须搞好调查研究，这是我们党的无数经验证明的一条真理。在中国共产党成立之初，我们一度照抄照搬俄国革命的经验。但是，大革命的失败宣告了这一做法的破产。后来，我们党在毛泽东等同志的带领下，立足国情，坚持一切从实际出发，才最终找到一条正确的革命道路，并最终取得了革命的胜利。正如毛泽东在《中国社会各阶级的分析》中说的，“谁是我们的敌人？谁是我们的朋友？这个问题是革命的首要问题。”① 在革命中没有那个革命党认错了自己的朋友和敌人，还能够取得胜利的。为了认清谁是我们的敌人，谁是我们的朋友，毛泽东做过大量调查研究。从1924年开始，毛泽东开始在农村从事调查研究。这年12月，毛泽东离开上海回到家乡韶山养病，他一边养病一边利用串门、走亲访友等形式进行社会调查。其间，他还特地到安化县考察社会和革命斗争情况，同时他还秘密建立了中共韶山党团组织，组织农民协会，成立农民夜校等斗争。在组织和领导韶山农民运动的过程中，他收集了许多关于农民生产和生活的材料，再加上在湘潭西乡同佃农张连初交谈所得情况，写成了《中国佃农生活举例》。正是在调查研究基础上，毛泽东1925年发表了《中国社会各阶级的分析》，将“半无产阶级”划分为半自耕农、贫农、小手工业者、店员、小贩等五种，认为绝大部分半自耕农和贫农是农村中一个数量极大的群体，还具体分析了半自耕农和贫农的三种不同的经济状况及其不同的革命性。毛泽东1926年又发表了《中国农民中各阶级的分析及其对于革命的态度》一文，将农村分大地主、小地主、自耕农、半自耕农、半益农、贫农、雇农及乡村手工业、游民等阶级和阶层，详细分析农村各阶级和阶层的经济地位以及他们的政治态度。这些建立在调查研究基础上的理论分析为中国共产党人指明了农村革命的对象和依靠力量，为土地革命的顺利开展提供了重要的理论指导。

在《反对本本主义》一文中，毛泽东提出了“没有调查就没有发言权”的响亮口号，并向全党发出通过调查研究解决实际问题的号召：

---

① 《毛泽东选集》第1卷，人民出版社1991年版，第3页。

“你对于那个问题不能解决吗？那末，你就去调查那个问题的现状和它的历史吧！你完完全全调查明白了，你对那个问题就有解决的办法了。一切结论产生于调查情况的末尾，而不是在它的先头。只有蠢人，才是他一个人，或者邀集一堆人，不作调查，而只是冥思苦索地‘想办法’，‘打主意’。须知这是一定不能想出什么好办法，打出什么好主意的。换一句话说，他一定要产生错办法和错主意。”[①] 针对当时党内存在教条主义风气，毛泽东说：“许多巡视员，许多游击队的领导者，许多新接任的工作干部，喜欢一到就宣布政见，看到一点表面，一个枝节，就指手画脚地说这也不对，那也错误。这种纯主观地‘瞎说一顿’，实在是最可恶没有的。他一定要弄坏事情，一定要失掉群众，一定不能解决问题。”[②] 毛泽东的这一告诫在当前依然振聋发聩。

党的十八大以来，在以习近平同志为核心的党中央的带领下，我国社会现代化建设的各项事业取得长足进步。但是，必须清醒地看到，各级党员领导干部带领全国各族人民进行社会主义现代化建设所面临的任务不仅没有减轻，反而更加繁重了。各级党员领导干部忠于职守，做工作中的“实干家”，必须坚持一切从实际出发。当前中国最大的实际就是，“中国特色社会主义进入了新时代，这是我国发展新的历史方位。”随着中国特色社会主义进入新时代，随着我国发展历史方位的变化，我国的主要矛盾也发生了转化。但是党的十九大报告也明确提出：“必须认识到，我国社会主要矛盾的变化，没有改变我们对我国社会主义所处历史阶段的判断，我国仍处于并将长期处于社会主义初级阶段的基本国情没有变，我国是世界最大发展中国家的国际地位没有变。全党要牢牢把握社会主义初级阶段这个基本国情，牢牢立足社会主义初级阶段这个最大实际，牢牢坚持党的基本路线这个党和国家的生命线、人民的幸福线，领导和团结全国各族人民，以经济建设为中心，坚持四项基本原则，坚持改革开放，自力更生，艰苦创业，为把我国建设成为富强民主文明和谐美丽的社会主义现代化强国而奋斗。”立足新时代，面对新矛盾，解决新问题，各级党员领导干部必须更加自觉地贯彻党的路线方针

① 《毛泽东选集》第 1 卷，人民出版社 1991 年版，第 110 页。
② 《毛泽东选集》第 1 卷，人民出版社 1991 年版，第 110 页。

政策，更加深入地了解本地的实际。

中国特色社会主义进入新时代，我们党面临着新的形势和新的任务，加强调查研究是我们党应对国内外挑战和风险，进行科学决策的前提和基础。在党的十九届一中全会上习近平总书记提出“要在全党大兴调查研究之风”。习近平总书记指出，“研究、思考、确定全面深化改革的思路和重大举措，刻舟求剑不行，闭门造车不行，异想天开更不行，必须进行全面深入的调查研究。”[①] 做好新时代的调查研究工作必须增强问题意识，找准问题、有的放矢。习近平总书记指出，“调查研究要紧扣人民群众生产生活，紧扣经济社会发展实际，紧扣全面从严治党面临的现实问题，紧扣贯彻落实党的十九大精神需要解决的问题。”[②] 习近平总书记曾在《浙江日报》“之江新语”专栏发表《调研工作务求“深、实、细、准、效”》，提出了调查研究的五字要诀，即深、实、细、准、效。“深”，就是要深入群众，深入基层，善于与工人、农民、知识分子和社会各界人士交朋友，到田间、厂矿、群众和社会各层面中去解决问题。“实”，就是作风要实，做到轻车简从，简化公务接待，真正做到听实话、摸实情、办实事。“细”，就是要认真听取各方面的意见，深入分析问题，掌握全面情况。“准”，就是不仅要全面深入细致地了解实际情况，更要善于分析矛盾、发现问题，透过现象看本质，把握规律性的东西。“效”，就是提出解决问题的办法要切实可行，制定的政策措施要有较强操作性，做到出实招、见实效。习近平的总结足可以作为我们搞好调查研究的指南。正如习近平总书记所言：“调查研究关键要看实效，要在调查的基础上进行深入细致的研究，进行一番交换、比较、反复的工作，把零散的认识系统化，把粗浅的认识深刻化，直至找到事物的本质规律，找到解决问题的正确办法。”

第三节　谋实事：代表人民群众的根本利益

各级党员领导干部对党忠诚，做工作中的“实干家”，就要在工作

① 《加强对改革重大问题调查研究，提高全面深化改革决策科学性》，《人民日报》2013年7月25日。

② 《习近平在党的十九届一中全会上的讲话》，《求是》2018年第1期。

岗位上谋划实事。对于共产党员而言，在工作岗位上谋划实事就是要代表人民群众的根本利益。中国共产党以全心全意为人民服务为宗旨，代表着中国最广大人民的根本利益，肩负着实现中华民族伟大复兴的庄严使命。全心全意为人民服务，立党为公，执政为民，是我们党同一切资产阶级政党的根本区别。邓小平在《关于修改党章的报告》中提出："马克思主义向来认为，归根结底地说来，历史是人民群众创造的。工人阶级必须依靠本阶级的群众力量和全体劳动人民的群众力量，才能实现自己的历史使命——解放自己，同时解放全体劳动人民。人民群众的觉悟性、积极性、创造性愈是发展，工人阶级的事业就愈是发展。因此，同资产阶级的政党相反，工人阶级的政党不是把人民群众当作自己的工具，而是自觉地认定自己是人民群众在特定的历史时期为完成特定的历史任务的一种工具。"邓小平说过，"我是中国人民的儿子，我深情地爱着我的祖国和人民。"他那朴实的语言不仅表露了个人心声，而且诠释了共产党人全心全意为人民服务的根本宗旨。

忠诚地为中国最广大人民的根本利益而奋斗，是中国共产党最为深厚的群众基础和力量源泉。过去，我们党之所以能够由弱到强，由小到大，归根结底是我们同广大人民结成了亲密无间的鱼水关系，铸就了牢不可破的铜墙铁壁。在党领导全国人民进行革命、建设和改革开放的各个历史时期，都涌现过无数全心全意为人民服务的好党员、好干部。在革命时期，毛泽东曾为一名普通的党员张思德写下《为人民服务》的悼词。毛泽东同志在这篇悼词一开篇是这样评价张思德的："我们的共产党和共产党所领导的八路军，新四军，是革命的队伍。我们这个队伍完全是为着解放人民的，是彻底地为人民的利益工作的。张思德同志就是我们这个队伍中的一个同志。"毛泽东说他是为人民利益而死的，他的死是比泰山还重的。作为一名普通的警卫战士，张思德之所以能够受到毛泽东如此高度的评价，与他心里总是装着人民利益，对党无限忠诚的高尚情操是分不开的。张思德从军十一年、入党七年，三次过草地三次负伤，四次翻雪山，当过通信战士，当过特务连战士，当过警卫战士。打仗勇猛不惧牺牲，张思德是出了名的"小老虎"。在一次战斗中只身闯入敌阵，硬是从敌人机枪射手手中把机关枪给抢下来，自己负了伤。1938年春，张思德被调到云阳八路军某部留守处警卫营担任班长。

1940年春，又被调入中央军委警卫营任通信班长。1942年11月，部队合并整编，干部精简下派，一些连排干部要去当班长，多数班长、副班长要当战士。张思德调到中央警卫团一连当战士，他毫无怨言，愉快地服从组织分配。不久，他被调到延安枣园，在毛泽东等中央领导工作的地方担任警卫。张思德长期在毛泽东等中央领导身边工作，但从无非分之想，总是吃苦耐劳，努力工作。1944年7月，进安塞县山中烧木炭。他处处起模范带头作用，不怕苦、不怕累，哪里最苦最累，他就出现在哪里，每到出炭时总是最先钻进窑中作业。9月5日，天下着雨，张思德带着突击队的战友们照常进山赶挖新窑。中午时分，炭窑在雨中发生崩塌。危急时刻，张思德一把将战士小白推出窑口，自己却被埋在坍塌的土里，战友得救了，张思德却献出了年仅29岁的生命。张思德所处的都是平凡的岗位，但是他对待革命工作一向认真负责。他开过荒种过地，喂过猪养过鸡，纺过线烧过炭，干一行爱一行，专一行干好一行。他始终把党和人民的利益放在高于一切的位置，从不计较个人得失。军委整编，班长职数有限，领导找他谈话，他说当班长是革命需要，当战士也是革命需要，高高兴兴地去站岗放哨。服从革命的需要，就是将个人利益完全融入党和人民利益之中，体现了一名共产党员对党和人民的无限忠诚。毛泽东说：“要奋斗就会有牺牲，死人的事是经常发生的，但是我们想到人民的利益，想到大多数人民的痛苦，我们为人民而死，就是死得其所。”张思德为革命，为人民，甘于平凡，乐于奉献，勇于牺牲，他的精神永远激励着一代又一代共产党员。习近平总书记在以普通党员身份参加所在党支部的专题组织生活会时，号召全体党员以张思德为榜样，走好为人民服务的群众路线。习近平总书记高度评价张思德精神指出：“张思德是历史的楷模，也是时代的楷模，我希望同志们以张思德同志为参照系，不断反省自己，以殷为鉴，远离危险，严守纪律和规矩，谨小慎微。”

在任何时期，党员领导干部对党忠诚都要体现在干出代表人民群众根本利益的实事。党的十八大以来，以习近平同志为核心的党中央同样把实现好、维护好、发展好人民群众的根本利益作为一项重要工作来抓。在十八届中央政治局常委同中外记者见面时，习近平总书记提出：“我们的人民热爱生活，期盼有更好的教育、更稳定的工作、更满意的收入、更可靠的社会保障、更高水平的医疗卫生服务、更舒适的居住条件、更优美的环境，期盼着孩子们能成长得更好、工作得更好、生活得更好。人民对美好生活的向往，就是我们的奋斗目标。”[①] 习近平总书记的讲话，朴实而又形象地向全党和全国人民表达了我们党在新时期为实现广大人民的根本利益所肩负的光荣使命。现在，我们站在一个新的历史起点上，改革发展稳定任务之重前所未有，矛盾风险挑战之多前所未有，对我们党治国理政的考验之大前所未有。实现“两个一百年”奋斗目标、实现中华民族伟大复兴的中国梦，最终要依靠人民来实现。党的一切工作，必须以最广大人民的根本利益为最高标准。习近平总书记在党的群众路线教育实践活动工作会议上指出：“我们党来自人民，根植人民，党的根基在人民、血脉在人民、力量在人民。失去了人民拥护和支持，党的事业和工作就无从谈起。”[②] 习近平总书记的这段话，既是警示，又是要求，他警示我们应当从巩固党的执政基础和执政地位、保持国家的长治久安的高度充分认识实现好、维护好、发展好最广大人民的根本利益的重要意义和现实意义，他要求我们把紧紧依靠人民、充分调动最广大人民的积极性、主动性、创造性作为实现党的十九大确定的奋斗目标和中国梦的根本动力。

第四节　勇担当：敢于直面问题解决矛盾

党员领导干部对党忠诚，做工作中的“实干家”，就要勇于担当，敢于直面问题解决矛盾。我们党是一支久经考验的革命队伍，历经了腥风血雨的大革命和土地革命、抗日战争和解放战争，历经了艰难困苦的新中国到改革开放，我们就是一支钢铁般坚强的革命队伍，就是一支骁勇善战的战斗堡垒。无论何时何地、无论什么领域、什么工作，作为一名党员都要做到心中有党，心中有民，心中有责，心中有戒，做到对党忠诚、为党分忧，面对困难有担当，面对矛盾有魄力，面对问题有谋略。只要党和人民有需要，共产党员就要冲锋陷阵，用实际行动，践行

---

① 《习近平谈治国理政》第1卷，外文出版社2018年版，第4页。

② 《习近平在党的群众路线教育实践活动工作会议上的讲话》(2013年6月18日)，新华网，http：//www. xinhuanet. com/politics/2013—06/18/c _ 116194026. htm.

共产党员的忠诚誓言。

我们党之所以能够在领导人民进行革命、建设和改革的各个历史时期取得卓著的成绩，与我们的党员和党员领导干部勇于担当，能够直面问题解决矛盾是分不开的。县委书记的楷模焦裕禄就是这样一位敢于直面问题解决矛盾的好干部。焦裕禄出生在山东淄博，1946 年加入了中国共产党，1962 年被调到河南省兰考县担任县委书记。当时的兰考，正处于遭受内涝、风沙、盐碱三害最严重的时候，就在当年，春天的风沙打毁了 20 万亩麦子，秋天淹坏了 30 万亩庄稼，盐碱地上有 10 万亩禾苗碱死，粮食产量下降到历史最低水平。焦裕禄深知，涝、沙、碱三害自古以来就是威胁当地人民群众生产生活安全的顽症，要在短时间内制服这“三害”，非经大量艰苦细致的工作而不能为，甚至还要付出高昂的代价。但是焦裕禄没有畏惧，而是怀着敢教日月换新天的担当精神，焦裕禄开启了他在兰考“除三害”的艰苦斗争。要想战胜灾害，必须首先掌握灾害发生发展的详细资料，在此基础上才能做出正确的判断和工作部署。为此，焦裕禄抽调了县里 120 名干部、老农和技术人员组成“三害”调查队，在全县开展大规模的追洪水、查风口、探流沙的调查研究工作。为了掌握第一手的资料，焦裕禄不顾身患慢性肝病的身体情况，加入这个调查队。为了弄清一个大风口、一条主干河道的来龙去脉，焦裕禄经常不辞辛苦地带头深入一线，每当风沙最大的时候就是焦裕禄带头下去查风口、探流沙的时候，每当雨最大的时候就是焦裕禄带头下去观看洪水流势的时候。在焦裕禄的领导下，经过调查队几个月的奔波、方圆跋涉 5000 余里后，兰考县委系统掌握了兰考“三害”的第一手资料，为全县的抗灾斗争奠定了扎实的基础。焦裕禄深知，要从根本上制服“三害”，必须进一步发动群众，采取领导和群众相结合的办法，抓典型、树样板，打一场除“三害”的人民战争。为此，焦裕禄同志亲自到最困难的队去蹲点调查，访贫问苦。在城关公社胡集大队和林业技术人员一道，研究泡桐的生产特点，并亲自带头植桐，全县人民雷厉风行，营造了浩瀚的桐林。1964 年春天，正当兰考人民同涝、沙、碱斗争胜利前进的时候，焦裕禄同志的肝病也越来越重了。在生命的最后时间里，他始终念念不忘的还是县里除“三害”的进展。习近平在不同时间、不同场合多次谈到焦裕禄的事迹，并号召广大党员干部学习焦裕禄精神。早在1990年担任中共福州市委书记期间，习近平发表了《念奴娇·追思焦裕禄》一词，表达了对焦裕禄的崇敬之情，抒发了自己执政为民、造福百姓的赤子情怀。2014年3月，习近平在河南兰考调研群众路线教育实践活动，他对新时期如何学习焦裕禄精神提出了具体要求："学习弘扬焦裕禄精神，要重点学习弘扬焦裕禄的公仆情怀、求实作风、奋斗精神和道德情操。要见贤思齐，组织党员、干部把焦裕禄精神作为一面镜子来好好照一照自己，努力做焦裕禄式的好党员、好干部。"①

在新时代，我国已进入全面深化改革的攻坚期，这更要求我们要敢于啃硬骨头、敢于涉险滩，大胆试验、大胆突破，不断把改革引向深入。此时，强调党员领导干部勇于担当、敢于直面问题解决矛盾尤为重要。勇于担当，敢于直面矛盾解决问题，其前提是要能够发现矛盾，抓住问题。随着经济运行进入新常态，社会发展进入新阶段，社会发展中需要解决的矛盾与问题也越来越隐蔽复杂。作为党员领导干部，必须清醒地认识到，在这些复杂的矛盾和问题背后，是中国社会基本矛盾的转化。正如党的十九大报告指出的，"经过几十年的奋斗，中国特色社会主义进入新时代，这是中国发展新的历史方位"。判断这一新的历史方位的标尺就是，社会的主要矛盾发生转化。党的十九大报告做出的"我国社会主要矛盾已经转化为人民日益增长的美好生活需要和不平衡不充分的发展之间的矛盾"，这是各级党员领导干部思考自己需要解决的矛盾和问题的总依据。伴随着社会主义现代化建设的快速进步，十几亿人的温饱问题的稳定解决，人民群众对美好生活的向往更加强烈，内容更加多样，需要更加广泛，在物质文化生活、民主法治建设、社会公平正义、安全卫生环境等方面的要求日益增长。正如党的十九大报告指出的："必须认识到，我国社会主要矛盾的变化是关系全局的历史性变化，对党和国家工作提出了许多新要求。我们要在继续推动发展的基础上，着力解决好发展不平衡不充分问题，大力提升发展质量和效益，更好满足人民在经济、政治、文化、社会、生态等方面日益增长的需要，更好

① 习近平：《教育实践活动的主题与焦裕禄精神是高度契合的》，共产党员网，http://news.12371.cn/2014/03/18/ARTI1395140213893569.shtml.

推动人的全面发展、社会全面进步。”

党员领导干部在实际工作中发现需要解决的矛盾和问题重要，解决这些矛盾和问题更加重要。在新时代，面对更加复杂的国际国内局势，党员领导干部必须做好“进行伟大斗争”的准备。如党的十九大报告所言：“社会是在矛盾运动中前进的，有矛盾就会有斗争。我们党要团结带领人民有效应对重大挑战、抵御重大风险、克服重大阻力、解决重大矛盾，必须进行具有许多新的历史特点的伟大斗争，任何贪图享受、消极懈怠、回避矛盾的思想和行为都是错误的。”党的十九大报告明确指出，进行伟大斗争不是搞阶级斗争，而是要在以下五个方面努力：第一，“更加自觉地坚持党的领导和我国社会主义制度，坚决反对一切削弱、歪曲、否定党的领导和我国社会主义制度的言行”；第二，“更加自觉地维护人民利益，坚决反对一切损害人民利益、脱离群众的行为”；第三，“更加自觉地投身改革创新时代潮流，坚决破除一切顽瘴痼疾”；第四，“更加自觉地维护我国主权、安全、发展利益，坚决反对一切分裂祖国、破坏民族团结和社会和谐稳定的行为”；第五，“更加自觉地防范各种风险，坚决战胜一切在政治、经济、文化、社会等领域和自然界出现的困难和挑战”。

第五节　求实效：经受得住实践、人民和历史的检验

党员和党员领导干部对党忠诚，做工作中的实干家，必须干出真实的业绩，经受住实践、人民和历史的检验。党员和党员领导干部的任何业绩是不是具有实效，都要接受这三把尺子的衡量。首先，领导干部的业绩要接受实践的检验，干事创业要体现干在实处，注重实效，反对形式主义、做表面文章。习近平总书记强调：“伟大梦想不是等得来喊得来的，而是拼出来干出来的。”他在宁夏调研时也强调：“社会主义是干出来的。”中国共产党的发展历史充分证明，“真抓实干”是党和国家各项事业蓬勃发展、人民群众福祉不断提高的不二法门。在新时代，各级领导干部要把党中央和国家的各项工作部署不折不扣地落实到位，扑下身子，迎难而上，遇到新情况新问题，不墨守成规，敢于冲破思想观念上的障碍，创造性地解决问题。

其次，领导干部的业绩要接受人民的检验，把最广大人民的根本利益放在首位，自觉用最广大人民的根本利益来检验自己的工作和政绩。在纪念红军长征胜利80周年大会上的讲话中，习近平总书记提到："弘扬伟大长征精神，走好今天的长征路，必须把人民放在心中最高位置，坚持一切为了人民、一切依靠人民，为人民过上更加美好生活而矢志奋斗。长征胜利启示我们：人民群众有着无尽的智慧和力量，只有始终相信人民，紧紧依靠人民，充分调动广大人民的积极性、主动性、创造性，才能凝聚起众志成城的磅礴之力。"① 共产党人能够成为新中国的缔造者，能够开辟中国特色社会主义道路，能够成为中国特色社会主义事业的领导核心，其核心在于我们党创造了人民认可的成绩。路漫漫其修远兮，在未来的发展历程中，我们党带领全国各族人民继续前进同样需要干出人民认可的政绩。正如习近平总书记在庆祝中国共产党成立95周年大会上的讲话中所说的，"党与人民风雨同舟、生死与共，始终保持血肉联系，是党战胜一切困难和风险的根本保证"。

最后，领导干部的业绩要接受历史的检验，中国共产党带领全国各族人民在革命、建设和改革的各个历史时期都取得了伟大的成就，现在历史的接力棒传到了我们手里，我们这一代共产党人必须承担起历史赋予我们的责任。习近平总书记强调："对中央作出的仍然有效的各项重大战略部署，我们都要一以贯之地贯彻。地方和部门工作也一样，要真正做到一张好的蓝图一干到底，切实干出成效来。我们要有钉钉子的精神，钉钉子往往不是一锤子就能钉好的，而是要一锤一锤接着敲，直到把钉子钉实钉牢，钉牢一颗再钉下一颗，不断钉下去，必然大有成效。如果东一榔头西一棒子，结果很可能是一颗钉子都钉不上、钉不牢。我们要有'功成不必在我'的精神。一张好的蓝图，只要是科学的、切合实际的、符合人民愿望的，大家就要一茬一茬接着干，干出来的都是实绩，广大干部群众都会看在眼里、记在心里。"② 领导干部建立经受住历史检验的业绩，就是要有一张蓝图绘到底的韧劲，不断把中国特色社会主义的事业推向前进。

---

① 《习近平谈治国理政》第2卷，外文出版社2017年版，第52页。

② 《习近平谈治国理政》第1卷，外文出版社2018年版，第399页。

在中国共产党90多年的奋斗历程中，我们党之所以能够带领人民把一个个不可能变得可能，就是因为有一大批党员领导干部不搞形式主义，不做表面文章，一心追求实效，追求建立起经受住历史和人民检验的成绩。其中，红旗渠就是这种求实作风的典型代表。红旗渠是20世纪60年代，河南林县修建的一项水利工程。据《红旗渠志》记载，20世纪60年代初，林县550个行政村中，有307个村人畜饮水长年困难，有100多个村要跑5公里以外取水吃。在这种情况下，"兴修水利"成为摆在时任县委书记杨贵面前的第一要务。自1957年起，杨贵先后主持建成英雄渠、淇河渠等水利工程，但仍不能解决大面积灌溉问题，林县依然延续着"十年九旱"的"传统"。问题的根源在于水源。从地图上看，林县境内有浊漳河、淇河、淅河等多条河流，但是由于山路崎岖，这些河流多为季节性，一年中有一大半时间属于枯水期。1960年，杨贵带着林县县长李贵、县委书记处书记李运宝，沿着浊漳河、淇河、淅河溯流而上，翻山越岭去上游寻找水源。在山西平顺县，杨贵发现了浊漳河主河道，经过测算，浊漳河常年流量为每秒30立方米，年径流量达到7.3亿立方米。杨贵当时提出了"重新安排林县河山"的口号下，一项凿壁引水的工程开始了。从1960年2月11日，引漳入林工程正式开工，到1966年干渠建成通水，全部工程则于1969年7月全部完工。前后历时近10年，削平了1250座山头，凿通了211个隧洞，架设了152座渡槽终于建成了这条人工天河。在巍峨雄峙的太行山悬崖绝壁之上，八米宽的红旗渠从山中穿过。此后的近半个世纪，1500公里长的红旗渠成为"自力更生、艰苦创业、团结协作、无私奉献"精神的代名词。据新华社报道，周恩来曾告诉国际友人："新中国有两大奇迹，一个是南京长江大桥，一个是林县红旗渠。"在20世纪60年代，林县人民之所以能够完成几乎不可能完成的任务，正是由于有杨贵这样的优秀党员领导干部，他们一心装着人民疾苦，干事创业追求实效，尽管利用的是非常有限的简单机械和"土办法"，但是最终完成了经受住历史和人民检验的伟大工程。就连当年的美联社也给予了这样的评论："红旗渠的人工修建，是毛泽东意志在红色中国的典范，看后令世界震惊。"

随着中国特色社会主义进入新时代，我国的综合实力极大提高，各级党员领导干部干事创业的条件得到极大改善。同时，随着中国特色社会主义进入新时代，人民群众对过上更好生活的期待更加迫切，对于美好生活的理解更加多样，各级党员领导干部干事创业的要求也空前提高。在这种历史条件下，各级党员领导干部更是不能有丝毫自满和懈怠，要俯下身子，再接再厉，干出经受住历史和人民检验的实绩。在任何时候任何情况下，各级党员领导干部在工作中都要把最广大人民的根本利益放在首位，自觉用最广大人民的根本利益来检验自己的工作和政绩，做到凡是为民造福的事就一定要千方百计办好，凡是损害广大群众利益的事就坚决不办。把人民是否真正得到了实惠，人民生活是否真正得到了改善，人民权益是否真正得到了保障，作为干事创业的标尺。

后　　记

忠诚对于中国共产党的党员干部来说是大要求、大课题，也是即将开展的“不忘初心，牢记使命”主题教育中很重要的内容。

在中央党校（国家行政学院）2018年秋季学期第二批入学学员开学典礼上，中央党校（国家行政学院）校（院）长陈希同志特别强调：“领导干部要对党忠诚。”要增强“四个意识”，做到“两个维护”；坚守理想信念，牢记初心使命；践行党的宗旨，致力为民造福；坚持知行合一，做到言行一致。

为了帮助党员干部更好地提高对忠诚的认识，增强对忠诚的自觉，夯实忠诚的基础，我们特别邀请了近年来在思想理论研究方面比较活跃的一些中青年理论工作者，围绕在调研过程中广大党员干部提出的一些热点、重点、难点问题进行有针对性的解读。他们思想活跃、视野开阔、功底扎实，又多年从事党的干部教育，对于领导干部的所思、所想、所疑、所惑有比较切身的感受，相信会在配合广大党员干部理论和政治学习中起到有益的作用。

参与本书编写的具体各章分工如下：导语辛鸣，第一章范天吉，第二章李步前，第三章李跃华，第四章彭劲松，第五章李双套，第六章王海滨，第七章李少军，第八章王懂棋，第九章石伟，第十章李彬彬。

由于本书所涉及的问题重大，内容丰富、范围广泛，在本书的编写过程中，我们广泛听取了各方面专家学者的意见与建议，他们无论是从材料的提供、选择，还是研究的角度、思路都给我们以宝贵的帮助。中共中央党校出版社的编辑同志为本书的出版付出了辛勤的劳动，在此谨一并致谢。

最后需要说明的是，由于水平有限和时间关系，尽管我们已经作了很大努力，但肯定还会有这样那样的问题和不足，恭请读者批评指正。

辛鸣

2019 年 3 月 1 日